哈佛
Harvard
at half past four
凌晨四點半

社會菁英基礎能力的培養邏輯

Training
Basic Logic

凌晨四點半的校園，已經隨處可見埋頭苦讀的學子
他們追求新知的腳步，從未停過……

韋秀英 編著

目錄

前言
讓時間增值的起床大作戰

第 1 章
晨型人：成功人士的作息屬性

新的一天，應該從凌晨四點半開始 ⋯⋯⋯⋯⋯⋯ 004

永不浪費—哈佛大學「時間使用指南」 ⋯⋯⋯⋯ 007

他們能在早餐前就把今天的工作搞定 ⋯⋯⋯⋯⋯ 011

今天一步趕不上，明天步步趕不上 ⋯⋯⋯⋯⋯⋯ 013

到處是十分努力的人，你必須做到「滿分努力」 015

如何用「C⁻」的能力創造出「A⁺」的成功 ⋯⋯ 018

釋放潛能吧！你能掌控的不只是時間 ⋯⋯⋯⋯⋯ 021

第 2 章
顛覆常識，別再只把白天當成時間符號

僅僅憑藉念力，我們就能改變時間的價值 ⋯⋯⋯ 025

長尾理論：充沛精神能量的自我延續 ⋯⋯⋯⋯⋯ 028

時間相對論：比別人每天多出一小時的祕密通道 031

個體經濟學：有效增加可支配時間的投入與產出 034

時間流速感：我們對白天和夜晚的感知差異 ⋯⋯ 036

你本可以擁有長達兩萬小時的休息日早上 ⋯⋯⋯ 038

第 3 章
你可以不早起，但一定要早醒

你在「睡生夢死」，世界卻在翻天覆地 ⋯⋯⋯⋯ 042

為什麼工作總會慢一步？因為清醒比努力更重要 045

CONTENTS

追逐你的夢想，絕不「躺平」 048

內在清醒：鍛鍊屬於自己的思考模式 051

打開腦洞：可以獲得幸福感的最小行動 054

內觀體驗：找到需要「播種」和「除草」的地方 057

挖掘「腦黃金」：讓左右腦相互合作 059

你是在思考，還是在亂想 062

第 4 章

黃金一小時：起床之後，最應該做的事情

打造一個高品質的早晨慣例 066

斷捨離是確保專注力的必要措施 069

大腦的空白時刻—「感官失靈」 072

有條不紊的祕訣：紙本計畫＋數字提醒 075

晨讀：建立資訊化時代的記憶宮殿 078

晨跑：全速前進在人生的賽場上 081

早餐會議：輕鬆拓展人脈的好時機 083

此刻出發：在逐夢的路上元氣滿滿 086

第 5 章

在不曾早起過的時間裡，做點「非常規」的事

比昨天早起五分鐘，賦予人生另一種可能 090

每個人都需要破殼而出 093

習以為常的，不一定就是正確的 095

吃到葡萄之前，先別急著說它是酸的 098

立刻改變「讓我再睡五分鐘」的回籠覺模式 101

你為自己開綠燈，生活就會為你亮紅燈 104

打破閉環，從完成一次「創新」做起 107

及時記錄:「習慣固化」策略的階段性進步   110

第 6 章

征途有終點,調動積極性時才能易如反掌

定義「我是誰」,開啟全新的進化之旅   114

一封讓自己怦然心動的預言信   117

「想做的事」與「能做的事」之間隔著什麼   120

讓所有目標都遵從 SMART 管理原則   122

剝洋蔥法和樹狀圖法可以幫你細化目標   125

持續獲得成功的關鍵—能夠被立刻實現的微目標   128

PDCA 循環工作法:行動力的自我拯救方案   131

復盤思考:無意義的失敗與有意義的失敗   134

第 7 章

時間管理,有助於個體崛起時代的快速增值

定義「我的時間」,從源頭上減少行為阻力   138

心智圖:對日程進行整體掌握   141

帕雷托法則:用 20% 的時間做 80% 的事情   144

四象限原理:規劃待辦事項的輕重緩急   147

番茄工作法:張弛有度地操控專注力   150

甘特圖:用管理專案的方法管理時間   153

從《星際效應》中找靈感,讓時間維度變得更豐富   156

第 8 章

養精蓄銳,讓身體和靈魂一起全力以赴

事倍功半的低效率勤奮者的一天   160

最不能透支的資本—身體   163

習得性無助:讓人終日萎靡不振的心理誘因   166

CONTENTS

最省力的努力是「第一次就把事情都做對」 169

如果你的睡眠時間被意外剝奪了 173

熬夜族的「大腦餵養計畫」 176

影響早上覺醒的「晚間作息表」 179

第 9 章

情緒自律有多難？先從對抗失控的惰性開始吧

高效執行者與低效空想家的「較量」 184

能夠飛上雲霄的鳥，不僅僅是因為有羽毛 188

拖延到最後一刻的結果很可能是雪上加霜 190

設置專屬觸發物，走出三分鐘熱度的惡性循環 193

停止無效自省，找到突破自我限制的關鍵窗口 197

化解「星期一症候群」的五個方法 200

利用回饋環，實現從自制到自律的跨越 204

第 10 章

保持危機感，「可預見的結果」才是成功的真正起點

投資未來與忠於現實並不衝突 209

只有 1% 的人能看到明天會發生什麼 213

過於樂觀的幻想，反而會消解行動力 216

你喜歡搶占先機，還是後來居上 219

洞悉潛在自我，成為自我覺醒的第一批人 222

在行動之前，預判他人的預判 225

緊迫感是一種正向的「壓力連鎖反應」 227

理性懷疑，才能發現人生的深度命題 230

前言
讓時間增值的起床大作戰

哈佛大學矗立在查爾斯河對岸，也矗立在世界高等學府之巔。

有人說，哈佛大學是菁英的「培養皿」———— 只有菁英學子，才有機會被哈佛大學錄取。而從哈佛畢業的學生，更是菁英中的菁英，他們在各個領域中發光發熱，像無數閃亮的星辰！

截至目前，從哈佛大學一共走出了 8 位美國總統、160 位諾貝爾獎獲得者、18 位菲爾茲獎（數學領域的最高獎）獲得者、14 位圖靈獎（電腦科學）獲得者、30 位普立茲獎（新聞）獲得者以及無數社會菁英……哪怕是哈佛大學的輟學生，也有很大的名氣，比如微軟的創始人比爾蓋茲和臉書的創始人馬克·祖克柏。

哈佛大學為什麼能夠培養出這麼多傑出人才呢？

最根本的原因就是哈佛重視培養學生的基礎能力。一個人的基礎能力，決定了他的人生高度。什麼是基礎能力呢？就是能力金字塔最底部的能力。只有基礎能力堅實可靠，才能在此基礎上培養和衍生出更多的能力，才能讓自己的能力金字塔越來越高。

比如，懂得時間管理，才能合理安排自己的日程；懂得精力管理，才能讓自己保持最佳的精神狀態；懂得情緒管理，才能更好地對抗各種負面情緒的干擾；懂得保持勤奮、自律和危機感，才能自主學習、刻苦學習……

年輕人想要成為社會菁英，就必須從培養基礎能力開始。因為它是一

切能力的基礎。

　　哈佛大學在培養學生基礎能力的過程中，並不僅僅停留在讓學生「知道」的層面，而是要求學生必須「做到」——「知道」很容易，因為各種方法、理念，在文章中、講座中、課程中隨處可知；但「做到」卻很難，因為看過、聽過、學過的方法、理念，必須運用在現實生活中，讓這些成為自己認知的一部分、能力的一部分，這樣的能力才能稱為「基礎能力」。

　　那麼，哈佛大學是如何一步步培養學生基礎能力的呢？

　　在本書中，你將找到最好的答案！本書從時間管理、精力管理、情緒管理、情商和逆商培養、專注力培養等多個方面作為切入點，以詳細的案例和具體的方法作為基礎，讓讀者朋友能夠清楚、明白地理解哈佛大學是如何培養社會菁英的基礎能力的。

　　當你真正懂得了社會菁英基礎能力的培養邏輯，你也能夠成為菁英中的菁英！

第 1 章
晨型人：成功人士的作息屬性

新的一天，應該從凌晨四點半開始

你有沒有思考過一個問題：新的一天，應該從什麼時候開始呢？

日本作家川端康成在凌晨四點鐘醒來，發現旅館裡的海棠花未眠，於是開始思考人生美學，最終寫出了著名的散文《花未眠》。

這裡有一個關於柯比的故事：美國籃球巨星柯比堅持在凌晨四點起床。雖然他有著頂級的運動天賦，但天天早起練球、做訓練，日復一日、年復一年。有記者問柯比：「你為什麼會如此成功呢？」

柯比反問記者：「你知道凌晨四點鐘的洛杉磯是什麼樣子嗎？」

記者搖頭說：「不知道，那你告訴我，洛杉磯的凌晨四點鐘是什麼樣子？」

柯比說：「滿天繁星，燈光寥落，行人很少。」

說到這裡，柯比突然笑了，接著說：「其實洛杉磯每天凌晨四點鐘仍然在黑暗中，我就起床行走在黑暗中的洛杉磯的街道上。一天過去了，洛杉磯的黑暗沒有變化；兩天過去了，黑暗依舊沒有變化；十多年過去了，洛杉磯凌晨四點鐘的黑暗仍舊沒有變化，可是我變得肌肉強健了，有體能和力量，並且成為一名投籃命中率很高的運動員……」

柯比的一席話讓記者動容，也讓他成為萬千球迷心中永遠的偶像。雖然柯比已經離開了這個世界，但他留下的高度自律精神、不屈不撓的進取心，化為了洛杉磯凌晨最明亮的星！

成長的經歷會告訴你：每天早起五分鐘，人生將被賦予另一種可能；每天多付出一點努力，一天不見回報，一個月不見回報，一年不見回報，但十年一定會有所回報的。

現在，我們再將目光移到凌晨四點半的哈佛大學 —— 這所世界頂級

學府，凌晨燈火通明，隨處可見埋頭苦讀的哈佛學子。他們自主學習，自己安排課餘時間去完成導師安排的作業，或者學習其他自己感興趣的知識。即便到了深夜，甚至是凌晨，哈佛圖書館裡仍舊座無虛席。

除了圖書館，哈佛校園裡的其他地方，比如學生餐廳、教室、實驗室，甚至是醫療室裡，全都是刻苦讀書的哈佛學子。他們認真地看書、專心地做筆記、小聲地討論問題……

到底是什麼樣的動力，讓這些哈佛學子如此勤奮、如此努力呢？

這可能與哈佛的學風有關。哈佛校訓中有這樣一句話：「假如你想在畢業以後，在任何時間、任何地點都如魚得水，並且得到大眾的欣賞，那麼你在哈佛求學期間，就不會擁有閒暇的時間去晒太陽。」雖然不是每一位哈佛學子都會在凌晨四點半起床讀書，但無論什麼時候，哈佛校園裡都能見到學生埋頭讀書的身影。所以，哈佛又被稱為「不夜城」。

哈佛大學的校園有 49 座圖書館，其中二十四小時開放的圖書館，最受學生的歡迎。因為學生可以在裡面讀書，也可以在裡面小憩……到了早上六、七點，查爾斯河對岸到處是早起的哈佛學子。他們有的在晨跑，有的匆忙趕往教室，有的抬頭仰望日出……

這時候的你，是否還躺在舒適的被窩裡，甜美地睡覺呢？

很多年輕人的早上是這樣度過的——鬧鐘響起的時候，馬上按掉，再睡幾分鐘；當鬧鐘繼續響起時，又一次按掉；直到非起床不可的時候，才揉著惺忪的雙眼，不甘願地下床……

有一句話說得很好：每天叫醒你的不是鬧鐘，而是你的夢想。

哈佛學子能夠早起，能夠自主學習，是因為心中有夢想。當一個人為了自己的夢想去努力時，是心甘情願地去努力，並且會有源源不斷的動力，再大的困難都可以去克服。

　　儘管不是每一位哈佛學子都能在凌晨四點半醒來，但他們永遠不會把時間浪費在被窩裡。當鬧鐘響起的時候，他們會立刻起床，迎著朝陽追趕自己的夢想。

　　如果你也有自己的夢想，那就堅持早起吧！時間是一天一天過去的，夢想是一步一步實現的。只要你能夠勇敢堅持下去，你也能夠看到凌晨四點半的海棠花與星光。

永不浪費 —— 哈佛大學「時間使用指南」

在哈佛大學，「時間管理」是最重要的課程，甚至比創新、格局等課程更受學生的喜愛與重視。在進入哈佛的第一學年，導師會故意將學生的「時間表」安排得很滿。這樣可以很好地鍛鍊學生應變、抗壓能力，以及時間管理能力。

哈佛學子也不是徒有虛名，他們每天堅持早起，研究各種案例、參加各種討論小組，同時還能夠兼顧娛樂和社交。時間在每個人那裡都是一樣的，但是不同的人，能讓相同的時間產生不同的價值。哈佛學子每天也只有二十四小時，他們卻能秉承「永不浪費」的原則，珍惜每一分、每一秒的時間。在哈佛學子看來，時間才是最寶貴、最重要的資源，不管失去什麼東西，都不能失去時間。因為每一寸光陰都擁有生命的質感，珍惜時間就是珍愛生命。

美國管理學大師彼得·杜拉克 (Peter Drucker) 說過：「不能管理時間，便什麼也不能管理。時間是世界上最短缺的資源，不嚴加管理，你就會一事無成。」

我們也看到，那些父母口中「別人家的孩子」、老師讚不絕口的「資優生」，都是時間管理的高手。哈佛大學同樣要求學生擁有超凡的時間觀念，為了讓學生懂得高效能地利用時間，哈佛大學甚至為學生制定了專業的「時間使用指南」，其目的就是讓孩子養成「永不浪費時間」的好習慣。

哈佛校園裡一直流傳著「神童」羅伯特·歐本海默的故事。

1922 年秋天，歐本海默考入哈佛大學。在選擇科系的時候，他猶豫了很久，因為他曾夢想成為古典文學家、詩人或者畫家，不過最後他還是選擇了更接近「現實」的專業 —— 化學。他覺得要透過自己的能力去改變世

界，化學或許是一條很好的途徑。

在學期間，他十分重視時間管理，每天都在和時間賽跑。

早上，他總是第一個起床，第一個進入實驗室；中午，他匆匆忙忙地吃個麵包，然後又投入到實驗之中；晚上，他都是最後一個離開實驗室且經常讀書到凌晨。

他知道自己的每一分鐘應該用在什麼地方，雖然每天讀書的時間比一般人長很多，但生活仍舊井井有條。因為他「惜時如命」、刻苦努力，所以他只用了三年時間，便把學分修滿了，而且成績優異。這在當時幾乎是無法做到的奇蹟，為此他也被哈佛人稱為「神童」。這位「神童」也沒有讓人失望，1945 年，他製造出世界上第一枚原子彈，終於以自己的能力改變了人類社會的格局。

世界上真的有「神童」嗎？答案是肯定的，但是擁有超強天賦的人，最後不一定能創造奇蹟，不過懂得利用時間，並且刻苦努力的人卻可以！歐本海默成功的最主要因素，便在於時間管理，他能夠有效地利用時間，也就掌握了世界上最短缺的資源。

在哈佛，時間管理課一直是教授和學生眼中的重中之重。如果你覺得歐本海默的時間管理術已經年代久遠，那麼現在來看看當代哈佛大學生的一天時間是怎麼安排的。

2018 年，一位名叫約翰·費舍爾的哈佛學霸走紅於網路，因為他拍攝了一段影片，記錄了自己在哈佛的一天是怎樣度過的。影片中，約翰·費舍爾將一天要做的事情做成計畫表，每件事情在什麼時候去做、需要花費多少時間，都在計畫表中一目了然。

約翰·費舍爾在影片中說道：「昨天是低效的一天，我的鬧鐘響了，幾個星期以來我第一次按下了鬧鐘並賴床了。我認為，你每天早上做的第一

件事情，會為當天定下基調。這就是為什麼我每天早上，都希望能高效地起個好頭。但當我按下賴床按鈕時，我便以放棄抵抗的方式開始新的一天，這就像滾雪球效應，會讓一天都變得低效而糟糕……」

約翰·費舍爾能夠將每天的時間安排得井井有條，除了堅持早起、按計畫行事以外，更重要的是他還具有自律精神。當我們每天抱怨「時間不夠用」的時候，都應該捫心自問一下：我是否存在浪費時間的行為？我是否制定出讀書計畫？我是否擁有自己的「時間使用指南」？

時間管理的方法有很多種，但是在哈佛大學，教授和學生所推崇和應用的「時間使用指南」，可以總結為以下幾點：

1. 效率是時間管理的第一法則

同一個問題，有人半小時就解答出來了，有人卻要花費半天的時間，差別就在於大腦運轉的效率。如果能夠在相同的時間，做更多的事情，時間是不是就會「多」出許多呢？高效率就是用最少的時間，做最多的事情，只要能提高自己的效率，就能讓時間增值。

2. 做任何事情之前一定要做好計畫

在每一天或者每一週開始之前，花一點時間做好計畫，否則很容易出現手忙腳亂的情況。時間管理最大的問題就是，時間永遠不知道花在哪些地方了。因此，一定要提前做好計畫：你可以把每週或者每天要做的事情全部記錄下來；太大的任務可以分解成幾個較小的任務，然後為每個任務訂出「完成時間」。

3. 分清事情的「優先順序」

時間要用在刀口上，因此你必須分清楚，哪些事情是必須做的，哪些

事情是想要去做的，根據優先順序將它們進行排序。如果發生衝突，我們應該放棄優先順序較低的事項，舉一個簡單的例子：每天八個小時的睡眠時間是必要的，如果想要參加派對，又不能影響到睡眠時間，那麼按照優先順序排列，睡夠八小時應排在參加派對之前。

4. 享受時間管理帶來的成就感

當你圓滿完成某個任務時，內心通常會有滿滿的成就感。這種成就感會激勵你繼續努力，珍惜時間，永不浪費。當然，每個人對成就感的理解不同，有人認為「掌控時間」是一種成就感，有人認為「節省時間」是一種成就感，也有人會因為「不浪費時間」而產生成就感。無論怎樣理解，成就感都會成為時間管理的巨大動力。

富蘭克林有一句名言：「你熱愛生命嗎？別浪費時間，因為時間是構成生命的材料。」

如果不懂珍惜時間，我們的生命也將變得雜亂無章，許多時間也會浪費在瑣碎的小事之上；相反的珍惜每分每秒的時間，做好時間管理，才能讓一切井井有條。

哈佛大學的「時間使用指南」值得我們學習和借鑑。

其實，我們每個人每天都擁有相同的時間，只不過每個人對時間的態度不同 —— 是躺在床上等待生活的暴擊，還是早起創造人生的奇蹟，完全取決於你自己的選擇！

他們能在早餐前就把今天的工作搞定

　　早起，對很多人來說，都是一件很痛苦的事情。

　　尤其對一些貪睡、懶惰的年輕人來說，更是如此。但可能你不知道，很多優秀的成功人士，都有早起的好習慣，他們甚至能在早餐前就把今天的工作搞定……

　　這聽起來是不是有點不可思議呢？

　　美國作家戴蒙·札哈里斯（Damon Zahariades）寫過一本書叫《清晨高效能》（*Morning Makeover*），書中描寫了他在亞馬遜工作時的清晨時間安排：凌晨 4 點起床，倒上一杯咖啡，認真整理和回顧前一天的銷售資料；5 點半洗個熱水澡，穿好衣服去星巴克寫作；7 點半吃個簡單的早餐，然後去公司。

　　這樣的時間安排，讓他輕鬆地完成了工作任務，並且還抽出時間完成了自己的夢想 —— 撰寫時事週刊和出版一本暢銷書。然而，當他從亞馬遜辭職之後，一切都變亂了。

　　他開始享受自由的時光，每天早上不設鬧鐘，讓自己睡到自然醒。每天的起床時間，也從以前的凌晨 4 點，變成了上午 10 點。然後是瀏覽新聞和上網、隨便吃個早餐、收拾好東西、出門去咖啡館……通常在上午 11 點到下午 1 點之間，反正已經很晚了。事後，他不止一次反思自己這段「自由時光」，他幾乎浪費了所有清晨的時間，整天都沒有計畫和安排，做事沒有任何動力，人沒有得到放鬆，反而變得越來越焦慮了。

　　他認真對比了以前的清晨和現在的清晨，自己完全是兩種狀態。最終，他還是毅然決定，要重新重視每一個清晨，要讓自己重新回到以前那種充滿活力、效率驚人的巔峰狀態。

　　世界上有很多的成功人士，他們身上都有一個共同特點，那就是珍惜時間。因為他們的生活繁忙，每一分、每一秒的時間都無比珍貴。所以，他們往往會選擇早起，利用短暫而高效的清晨時光，去做更多的事情。

　　星巴克的前執行長霍華·舒茲（Howard Schultz）每天凌晨四點半起床，發郵件給員工、健身、騎車、遛狗……這些事情做完之後，還會回家陪妻子喝一杯咖啡，然後才去辦公室。

　　迪士尼公司執行長勞勃·艾格（Bob Iger）在接受《財富》雜誌採訪時說，他每天凌晨四點半起床，因為那時候不會有太多干擾，能做很多事情……對此，哈佛商學院教授比爾·喬治（Bill George）還專門撰文指出：「像艾格這樣有意識地鍛鍊，能夠幫助領導者更具創造力，更易接受新觀點新思路。」

　　很多時候，你只看到別人的成功，卻沒有看到別人背後付出的艱辛。成功的人，總會比別人多付出一點點。無論這「一點點」是時間、精力，或者是努力，都能拉開人與人之間的距離。所以，當看到別人登上成功的領獎臺，你不必驚訝，也不必羨慕，這都是別人付出努力之後應得的榮譽。世界上沒有輕而易舉的成功，所有的進步都是用汗水換來的。

　　哈佛校訓裡有這樣一句話：「我荒廢的今日，正是昨日殞身之人祈求的明日。」

　　當別人早早起床，將一天的工作做完之後，你是不是還在被窩裡做著美夢呢？別人珍惜每一分、每一秒的時間，總想在有限的時間裡做更多的事情；而你在白白浪費時間，早上不想起床，晚上不想睡覺，美好的時光匆匆而逝，最後留下的又是什麼呢？

今天一步趕不上，明天步步趕不上

哈佛圖書館裡有這樣一句名言：「You must run fast if you even don't take a pace.」翻譯成中文就是「今天不走，明天就要跑」。這是最典型的哈佛人的時間觀。

對於任何人來說，時間都是終身供給的，又是轉瞬即逝的，為什麼有些人總是時間充裕，而有些人總是感覺時間不夠用呢？因為每個人的時間觀念不同，時間管理的能力也不一樣。只有管理好自己的時間，才是真正地擁有時間。

你看看時鐘的指標，它一秒一秒地轉動，時間一點一點地離你而去。如果你不在意時間，不去關注時間，一天一天的時間、一年一年的時間，就那樣「悄無聲息」地流走了。

一個人的能力提升和知識累積也是如此，一點一點，一天一天……大家都朝著同一個方向奮力前行，誰都不想落於人後，因為大家都知道：今天一步趕不上，明天步步趕不上！

在哈佛大學，學生都將「終身學習」、「每天都進步一點點」作為自己的目標，這也和哈佛學生的時間觀念緊密相關。學習就像逆水行舟，不進則退。如果能夠珍惜每一天的時間，獲得一點點的進步，長期積累下去也會學有所成。

同時，你必須給自己一點「危機感」，要知道每分每秒都有人奮力前行，你稍有鬆懈，就會被遠遠地甩在身後，那時即便你使出全身解數，也不一定能夠追趕上別人了。

美國前總統富蘭克林畢業於哈佛大學，他曾經說過：「珍惜今日，你將擁有兩倍的明日。」偉大的劇作家莎士比亞也曾說過：「時間的大鐘只刻

著兩個字,那就是 —— 現在!」

因此,你應該把目光放在今天,放在現在,放在此時此刻。這也是哈佛人對時間所持有的態度 —— 昨天已經變成回憶,明天還沒有到來,我們所擁有的只有今天、只有現在!

從今天出發,不斷地累積和進步,這樣才能成為同齡人中的佼佼者。

哈佛前任校長曾說:「從來沒有一個時代,像今天這樣需要不斷地、隨時隨地地、快速高效率地學習。過去,一個人全部知識的 80% 是在學校獲得的,其餘 20% 則依靠在工作階段的學習獲得;而現在則完全相反的在學校學習到的知識不過占 20%,而 80% 的知識都需要你在漫長的一生中透過不斷學習和實踐中獲得。那種依靠在學校時學習到的知識就可以應付一切且受用終身的時代,已經一去不復返!」

一個人想要不斷進步,就要不斷學習,但學習不僅僅是在學校裡,還應該當成一種「終身事業」。這也是哈佛大學希望學生能夠堅守的行為習慣 —— 在人生中的每分每秒都不忘學習。

一名著名作家曾寫給二十一歲的兒子這樣一段話:「孩子,我要求你用功讀書,不是因為我要你跟別人比成績,而是因為,我希望你將來會擁有選擇的權利,選擇有意義、有時間的工作,而不是被迫謀生。當你的工作在你心中有意義,你就有成就感。當你的工作給你時間,不剝奪你的生活,你就有尊嚴。成就感和尊嚴,將給你快樂。」

在很多年輕人看來,時間是不可捉摸的。但只要你掌握今天,在此刻努力,你的步伐將變得沉著而穩定。當你成長得足夠強大時,就更有能力去管理好自己的時間,而不是被時間追趕,被迫謀生。如果現在你還在猶豫彷徨,請記住哈佛圖書館裡的那句箴言:「今天不走,明天就要跑!」今天的努力可能會讓你汗流浹背,但明天的喝彩聲一定響徹雲霄。

到處是十分努力的人，你必須做到「滿分努力」

　　哈佛大學公開課教授演講時說過這樣一段話：「一塊土地再肥沃，如果不去耕種，也長不出甜美的果實；一個人再聰明，如果不懂得勤奮，也目不識丁。」

　　古往今來，無論科學家、政治家還是文學家，都離不開「勤奮」二字。在殘酷的現實社會，大家都靠實力說話，一切都顯得平等而公正。懶散的、不思進取的人，最後只能平庸；進取的、勤奮的人，一定會得到更多的機會。

　　很多年輕人可能都有這樣的經歷：在懵懂的青春歲月，你以為只要努力考上大學，命運就會發生本質上的改變；結果到了大學畢業之後才赫然發現，就算有了文憑也不一定能夠找到一份讓人滿意的工作。當你終於找到自己夢寐以求的工作，又發現一切都和自己想像中的不一樣 —— 這個世界上根本沒有真正讓人「滿意」的東西。這時候，你的夢想彷彿被擊碎了一般，你也漸漸無所適從，對未來充滿了未知和恐懼。

　　一位教育學家曾經說過：「當今社會的大學生已經不能再自詡為社會的菁英，而應該把自己定位成一個普通的工作者，然後進行就業選擇和就業競爭。」的確，在這個競爭越來越激烈的社會，普通的大學生再也不敢輕易將「菁英」的帽子戴在自己的頭頂上，不過真正的「菁英」也必然出於年輕一代，只要你足夠努力、足夠優秀，就有機會脫穎而出。不過，年輕人也時常發出這樣的抱怨 —— 我沒有什麼讀書天分！我不夠聰明！我努力過了就是學不好！我不如別人！事實真的如此嗎？或許只有到了哈佛的校園裡，你才能找到不一樣的答案。哈佛學子用他們的實際行動告訴你「天才出於勤奮」的道理。

　　或許你沒有太高的天賦，但是勤奮能夠讓你變得出色。正如偉大的藝術家雷諾瓦所說的那樣：「假如你沒有別人聰明，也沒有什麼特殊的能力，那麼勤奮將會彌補你的不足；假如你擁有明確的目標，做事的方法也很恰當，那麼勤奮將助你獲得成功！」

　　同時你也要明白：在你的身邊，到處都是十分努力的人，你必須做到「滿分努力」，才能夠脫穎而出，打敗所有的競爭者。

　　因此，永遠不要抱怨自己能力不夠，很多時候，不過是努力不夠而已。

　　有一個成語叫「戶樞不蠹」，意思是說，如果我們的門軸經常轉動，就不會被蟲蛀蝕。即經常轉動的東西不容易腐壞，比如我們的大腦就是如此，勤於動腦，才能更加聰明。年輕人的大腦十分活躍，如果沒有讓腦細胞活躍起來，大腦就會陷入抑制狀態，時間久了，大腦的靈活度會大大地降低。

　　人人都懂得「天才出於勤奮」的道理，可是真正能夠用現實的行動去證明和詮釋這個道理的人，少之又少。勤奮努力地讀書之所以能夠創造出天才，是因為其中包含著堅持與頑強，也包含著勇氣與智慧。如果能夠將這些特質結合起來，並且付諸於現實的行動，便有了成功的基礎。

　　在正常情況下，一個人所付出的勤奮和努力與他得到的回報都是成正比的！當你感到讀書有一定壓力的時候，當你覺得自己付出了努力卻沒有得到回報的時候，你應該捫心自問一下：自己到底有沒有做到「滿分努力」？

　　你十分努力了，但並不能說明你比別人更加勤奮，因為你身邊到處都是十分努力的人。只有做到「滿分努力」，才能讓你超越平庸的界限，讓自己的潛能得到充分發揮。美國西點軍校有一句名言：「在放棄之前，先問問自己是否真的已經竭盡全力。」

很多人說自己「做不到」的時候，其實並不是沒有能力做到，而是沒有「滿分努力」而已。就像《孟子》裡的一段話：「挾泰山以超北海，語人曰：『我不能』，是誠不能也。為長者折枝，語人曰：『我不能』，是不為也，非不能也。」意思是說：讓一個人把泰山夾在手臂下跳過北海，這人告訴他人說：「我做不到」，這是真的做不到。讓一個人為老年人折一根樹枝，這個人也告訴他人說：「我做不到」，這是不願意做，而不是真的做不到。

所以，你覺得自己是「不能」，還是「不為」呢？

如何用「C⁻」的能力創造出「A⁺」的成功

大多數年輕人都有遠大的夢想，卻沒有實現夢想的能力。

於是，夢想變成了自命不凡，變成了心比天高，變成了懷才不遇。

現代社會充滿了機遇，真的會有懷才不遇的情況嗎？顯然，只要你有能力，就有發展的平臺；只要你比別人優秀，就能脫穎而出。問題的重點，不在於夢想的大小，而在於能力的大小。最怕你沒有能力，又懷抱「遠大的夢想」。

人人都應該有自己的夢想，這是絕對正確的事情。可是，當一個人的夢想太大，而自身的能力又十分有限時，就需要冷靜思考：如何用「C⁻」的能力創造出「A⁺」的成功？

夢想遠大，沒什麼問題，年輕人應該有「野心」。雖然「野心」在一定程度上能夠激發人們積極向上的動力，但仍舊被多數人定義為貶義詞。因為野心往往和貪心、自負、不切實際連結在一起。不過，世界上獲得巨大成功的人，不都是「野心勃勃」嗎？

美國加利福尼亞大學的心理學家研究發現：「野心」是人類行為的推動力，人類透過擁有「野心」，可以有力量攫取更多的資源。而這種「整合資源」的能力，正是大多數人走向成功的關鍵因素。

2004 年，還在哈佛大學研讀心理學和電腦科系的馬克·祖克柏突然產生了一個想法，他想建立一個網路平臺，供哈佛學生學習交流。

這個想法無疑是充滿野心的，對正在上學的馬克·祖克柏來說，更是困難重重。

那麼，他是如何用「C⁻」的能力創造出「A⁺」的成功？答案是整合一切資源。

那時候，馬克·祖克柏擁有的資源十分有限，但為了實現自己的「遠大夢想」，他決定奮力一拼。首先，他向導師尋求幫助，解決一些技術上的難題；然後和同學一起討論，攻克了無數難關，最後是尋找投資商……一步一步，經過很長一段時間的努力，幾乎用盡了自身的所有資源，最終創立了世界上最著名的社交軟體 Facebook。

這讓他在二十三歲的時候就被《富比士》雜誌評選為「最年輕的億萬富翁」，之後又被《時代雜誌》評選為「2010 年年度風雲人物」。

馬克·祖克柏的成功並不是一個奇蹟，雖然他的夢想遠大，但懂得整合自身資源落實自己的遠大夢想。當然，最重要的是：他的能力可以支撐起夢想！

無論制定目標，還是實現目標，最重要的一點就是給自己一個準確的定位，哪怕缺少平臺，手中所擁有的資源十分有限，也不能自暴自棄、灰心失望。相反的，如果你擁有良好的可利用資源，自己本身也很優秀，同樣不能眼高手低、好高騖遠。

如果你擁有一個良好的平臺，可以站在較高的起點上高速發展，那麼你絕對是一個稀有的幸運兒。絕大多數年輕人並沒有這樣的「好運」，他們沒有較高的起點，也沒有太多的資源可以利用，所以只能付出更多的努力去實現自己的夢想。

盧梭曾經說過：「當一個人的能力大於一個人的野心，這個人才很強；否則，就是弱。」

當一個人的能力大於夢想時，如果夢想遠大，說明這個人的能力確實很強；但如果夢想很小，則不能說明這個人有多強。這是相對來說的，在評價一個人的能力時，夢想是最好的參照物。相反的，在評價一個人的夢想時，能力又是最好的參照物。年輕人可以懷抱遠大的夢想，但能力一定要跟上。當你覺得夢想遙不可及的時候，可以降低夢想的高度，讓目標更

容易實現；也可以提升自己的能力，讓自己離夢想更近一點！

進或者退，取決於不同的人生態度！

釋放潛能吧！你能掌控的不只是時間

自從哈佛大學的霍華德·嘉納（Howard Gardner）教授提出「多元智慧理論」之後，很多人開始重視發掘自身隱藏的潛能——哪怕自己身上有無數缺點，但只要有一個優點，就能讓人興奮不已！

霍華德·嘉納教授的「多元智慧理論」指出，每個人身上至少有八種智慧，它們分別是語言智慧、數學邏輯智慧、音樂智慧、空間智慧、肢體運作智慧、內省智慧、人際智慧和自然觀察智慧。由於每個人的自身條件不同、生活和教育環境不同，所擁有的智慧也不同。因此，每個人身上都有不同的優勢智慧與弱勢智慧組合，也就形成了優點與缺點。

「多元智慧理論」一經提出，便在教育界引起了巨大反響——如果教育者能夠正確認識學生身上的優點與缺點，便能夠因材施教，最大限度挖掘學生身上的潛能。學生身上的任何一種潛能，都有可能煥發出無限的光芒。

對學生個人而言，發現自身的優點，能夠增強自信心，並且找到最適合自己的學習方向和方法，從而釋放自身的潛能，可以創造奇蹟，可以讓人生達到前所未有的高度。

人的潛能到底有多大呢？看完下面這個故事，你就明白了。

從古希臘開始，長跑運動員就試圖在四分鐘之內跑完一英里，為實現這個目標，有人曾喝過虎奶，有人曾被獅子追趕過，可是仍然沒有人能夠達到這個目標。

幾乎所有教練、運動員甚至是醫生都斷言：人類不可能超越四分鐘跑完一英里的極限，因為我們的骨骼結構以及肺活量不夠大，風的阻力又太大了……理由實在多得離奇。

　　然而，有一位名叫羅傑・班尼斯特（Roger Bannister）的運動員，卻打破紀錄完成了四分鐘跑完一英里的壯舉。更讓人意想不到的是，在這之後的一年中，居然有超過三百位運動員在四分鐘之內跑完了一英里的路程。他們知道羅傑可以做到後，相信自己也能做到，最後就真的做到了。

　　這個故事也充分說明，人的潛能是無限巨大的。只要潛能被打開，身體和心理上的極限就會被打破。然而，在現實生活中，很多人妄自菲薄，不知道自己的潛力究竟在什麼地方。

　　其實，每個人身上都有一座潛能的寶庫，只是很多人並不知道，也無法將這些與生俱來的潛能發揮出來。他們只會給自己尋找退路，在困難面前選擇後退。他們只會覺得前途渺茫、人生灰暗，只會站在原地抱怨世界的不公平。他們從來沒有想過，自己也有無限的潛能。

　　身為年輕人，一定要善於發掘自身的潛能，找到藏在自己身體裡的寶藏。你可以培養自己的興趣愛好，學習多個領域的知識，在興趣中找到自己的優勢智慧，發現自己的潛能所在。

　　著名教育家蘇霍姆林斯基曾經說過：「教育的目的不是將孩子的精神世界變成單純地學習知識，假如我們力求讓孩子的全部精力都專注到功課上，那孩子的生活將變得難以忍受。孩子不應該僅僅是一個學生，還應該是一個有著多方面興趣、要求和願望的人。」

　　在考試教育的大環境中，無論老師、家長抑或其他人，幾乎都將分數當成衡量孩子是否優秀的標準。所有人可能都忘了，孩子並不是「生而為學」的，他還是具有好奇心、探索欲和各種興趣愛好的人。因此，在哈佛的教育理念中，讀書並不是第一大事，而是更著重於培養學生對讀書的興趣——能夠讓學生在興趣中找到樂趣，在樂趣中發掘自身的潛能，在釋放潛能的過程中創造奇蹟，這才是最好的教育方式！前段時間，一位女孩在 SAT（學術水準測驗考試，是由美國大學委員會委託美國教育測驗服

務社定期舉辦的測驗，和 ACT 一起並作為美國各大學申請入學的重要參考條件之一）測驗中拿了滿分，卻沒有拿到哈佛的錄取通知書。女孩的母親打電話質問校方，校方十分禮貌地解釋說：「她除了滿分之外什麼也沒有……」可見，SAT 拿了滿分也不一定能夠得到哈佛的青睞，哈佛招生更看重的是學生的綜合素養。除了學科成績之外，學生在其他方面的表現是否優秀也很重要，比如在音樂、體育、藝術等方面的表現是否優秀？

哈佛大學首任女校長德魯·吉爾平·福斯特（Drew Gilpin Faust）曾說：「孩子們的將來必定是和各個國家不同文化背景的人在一起工作和生活。所以，了解整個世界也成為他們的必修課。」

她建議年輕人每年應該去一個陌生的地方，讓自己獲得足夠多的生活經驗，發現自己的興趣點以及潛能所在。當然，並不是所有年輕人都有條件、有能力做這樣的事情，但是你可以在課本之外發現自己的興趣點，試著去做自己最想做的事情，去學習自己最想學的知識，竭盡全力後，如果發現「不可為之」的話，再回到自己力所能及的事情上面，這時候同樣可以踏踏實實地學出好成績，並且內心不再充滿疑惑，因為你已經從生活經驗中獲得了成長。

學習應該以興趣為基礎，在興趣中愉快學習，在興趣中發掘潛能！那些整日被鎖在學校和補習班的學生，那些整日埋首工作的年輕人，都應該走出去體驗不同的社會生活，獲得更多的經驗。在多種體驗之中，找到自己的興趣點，發掘自身的優勢，明確自己未來的方向。這樣才能愉快地工作和學習，並且做起事情來毫不費力！

第2章
顛覆常識，別再只把白天當成時間符號

Training
Basic Logic

僅僅憑藉念力，我們就能改變時間的價值

在希臘語中，「念力」又被稱為「意念」，代表一個人的思想、靈魂和心。而在一些科幻小說或電影中，「念力」則是透過意念扭曲或移動物體的能力，是不是很神奇呢？

從科學的角度來看，「念力」沒有那麼神通廣大，我們可以理解為透過意志力，影響、改變自己的思想和行為。當然，我們也可以透過「念力」，去改變時間的價值。

時間的價值是如何產生的呢？

每個人每天都有二十四小時的時間，每個人卻用同樣的時間做不同的事情。比如同樣是「早上六點」，有人坐在電腦前工作，有人坐在書桌前讀書，有人在被窩裡睡覺，由於在相同的時間裡做的事情不同，所以就讓時間產生了不同的價值。

不難想像：工作的人得到了薪水，讀書的人得到了知識，而睡覺的人得到一個夢。

「念力」是如何改變時間價值的呢？

很簡單，因為「念力」可以改變人的思想和行為，而思想和行為決定了時間的價值。有意志力的人，能夠按時起床，在應該讀書的時間裡認真讀書。所以，「念力」可以改變時間的價值。一個人有了珍惜時間的想法，有了掌握時間的行為，還能不發揮時間的價值嗎？《哈佛商業評論》上有一篇文章指出：意志力才是成功的關鍵。很多人做事沒有效率，是因為一再拖延，害怕失敗；是因為目標疏離，難以集中精神；是因為受到瑣事干擾，無法專注做事，是因為誘惑太多，時常衝動……而這一切的原因，都可以總結為意志力太差！

相反的，那些擁有高效能的人，其動力都來自強大的意志力。正如哈佛大學的丹尼爾·高爾曼教授所說：「為了達成目標，克制情緒、壓抑衝動的能力，決定了一個人心智的高低。」

難怪有人會說：「哈佛只是一個證明 —— 人的意志、精神、抱負和理想的證明。」

哈佛大學在「研究意志力對生命個體的巨大作用」方面花費了大量的時間和精力。一位資深研究專家曾經說過：「古往今來，對於成功祕訣的談論實在太多了，但其實成功並沒有什麼祕訣。成功的聲音一直在芸芸眾生的耳畔縈繞，只是沒有人理會它罷了。而它反覆述說的就是一個詞 —— 意志力。任何一個人，只要聽見了它的聲音並且用心去體會，就會獲得足夠的能量去攀登生命的巔峰。」

這位專家多年來一直致力於一項事業，就是將「意志力能夠支配人生走向，讓人勇往直前，並且獲得自由」的觀點植入美國人的思想中。

什麼是意志力呢？意志力就是一個人管理自己情緒的能力、控制自己欲望的能力、激勵自己不斷進步的能力和克服一切困難的能力。堅強的意志力能夠幫助我們掌控人生、控制情緒、戰勝困難、從容不迫地走向成功；而缺乏意志力，則讓人膽怯、畏懼、無所作為。

這樣看來，意志力即「念力」，「念力」即意志力，兩者幾乎沒有區別。

在現實生活中，很多年輕人明明擁有過人的才學，也具備成就事業的能力。可是他們偏偏缺乏最基本的意志力，做事情沒有堅定的信念與決心，最終把寶貴的時間都浪費掉了。

俄國著名作家杜斯妥也夫斯基說過：「只要有堅強的意志力，就自然而然地會有能耐、機靈和知識。」如果一個人缺乏意志力，在應該起床的時候，無法起床；在應該讀書的時候，只想玩樂；在應該工作的時候，事

事拖延，這樣的話又如何能夠發揮時間的價值呢？

我們身邊總有一些年輕人，喜歡隨波逐流，喜歡隨遇而安，佛系地生活、工作和讀書；沒有一點時間觀念，不知道珍惜時間，更不知道把握時間，甚至意識不到時間的流逝。這樣的年輕人最缺乏的便是意志力。

如果你想讓自己的時間更有價值，就要有意識地培養和磨練自己的意志力。這個過程必定是苦澀的，但「不經一番寒徹骨，怎得梅花撲鼻香」，每個意志堅定、「念力」極強的人，肯定忍受過常人無法想像的苦楚，但是他們僅憑「念力」，便改變了時間的價值。

長尾理論：充沛精神能量的自我延續

現在的年輕人都很喜歡網路購物，每次打開電商平臺，在搜尋、挑選自己喜歡的商品時，網頁總會彈出許多「相關產品」。這些「相關產品」可能並不是你想買的，銷量也不是很高，但它們總是能夠成功吸引你的注意力，讓你忍不住點進去看看……

你有沒有想過，商家為什麼沒有將這些「銷量不高」的商品下架呢？這是因為商家希望透過「長尾理論」，來讓那些「銷量不高」的商品重新賣出去。

所謂「長尾理論」，就是指主流的頭部（暢銷）商品往往會拖動一條長長的尾巴（小眾）商品。所有人都在關注主流的頭部商品，但頭部商品後面拖動的尾巴商品，同樣不能忽視 —— 它所帶來的收益，可能遠超頭部商品！

2004 年，美國《連線》雜誌主編克瑞斯·安德森（Chris Anderson）首次提出「長尾理論」。他認為，那些不熱銷的商品積少成多，會產生極高的價值，它們所產生的價值，甚至會超過那些熱銷產品。

作為網路時代的新型理論，「長尾理論」一經提出，便迅速在經濟、管理、娛樂等領域得到了實踐與驗證，以下便是一個頗具代表性的例子：

1988 年，英國登山家喬·辛普森（Joe Simpson）根據自己的經歷寫了一本書叫《攀越冰峰》（*Touching the Void*），雖然書中的內容真實、驚險、刺激，但並沒有暢銷，很快便消失在大眾視野中。十年後，強·克拉庫爾（Jon Krakauer）寫了一本書《聖母峰之死》（*Into Thin Air*）。這本書一推出便橫掃各大圖書網站圖書館第一名，迅速成為當時的暢銷書。

不僅如此，這本書還勾起了讀者的好奇心，帶動《攀越冰峰》暢銷，

而且越來越熱門,再版好幾次,連續十四洲登頂《紐約時報》暢銷書排行榜。直到今天的資料顯示,《攀越冰峰》的銷量超《聖母峰之死》一倍之多。

這就是「長尾理論」——《聖母峰之死》是主流的頭部書籍,拖著一條長長的尾巴,只要把頭部書籍做好,尾巴可能會帶來更多、更大的收穫。

事實上,在教育中,也存在「長尾理論」。比如面對學生的優點與缺點,老師和家長可以把優點看成「主流的頭部」,把缺點看成「長長的尾巴」。只要認真對待孩子的優點,同時不忽略孩子的缺點,經常肯定和鼓勵孩子,就能慢慢減少孩子的缺點,讓孩子變得越來越優秀。

再比如有的學生某一學科特別優秀,這門學科便是「主流的頭部」,而另外的學科就是「長長的尾巴」。這時候,學生既要重視「主流的頭部」,加強學習自己的強勢科目,又不能忽略「長長的尾巴」—— 其他科目的學習,因為最後的成績肯定會包含所有的科目。除了自己擅長的科目,其他科目也要獲得高分才能取得好成績。

如果我們將「長尾理論」用在時間管理上,又會出現什麼樣的情況呢?

顯然,每天早上起床的那段時間是「主流的頭部」,而一天中的其他時間是「長長的尾巴」。你必須重視每個清晨,堅持早起,養成良好的生活習慣;但與此同時,也不能忽略一天中的其他時間。一天中,有一個美好的清晨自然不錯,但一天中的其他時間 —— 上午、中午、晚上,這條「長長的尾巴」,仍舊會為你帶來更多的驚喜,為你創造更大的價值。

美好的清晨是一天的開始,也是補充上午能量的最佳時間。如果想讓清晨變為「主流的頭部」,並且帶動「長長的尾巴」,讓自己一整天都處於精力允沛的狀態,就要做好以下幾件事:

1. 確保充足且高品質的睡眠

早起的前提是睡好，無法確保充足的睡眠，早起便沒有意義。

哈佛學子特別重視自己的睡眠時間，他們可以少吃一點、少學習一點，但是不能少睡一點。不過，充足的睡眠不是「貪睡」，而是根據每個人的身體狀態，睡夠就行了。當然，睡眠品質也很重要，所謂「睡得久，不如睡得好」就是這個道理。

2. 早上運動可以增強體質

有一句話叫「生命在於運動」。運動不僅能夠增強你的體質，還能改善你的精神狀態，讓你精力充沛、精神抖擻。尤其是早上起床之後，適當地運動效果更加明顯。

在運動過程中，人體的耗氧量和熱量消耗都會大大增加，血液循環加速，身體會分泌大量的激素，比如腎上腺素、生長激素、內啡肽等。在獲得足夠的氧氣和熱量後，這時的大腦會處於興奮狀態，從而更加高效地運轉，精力自然得到提升。

3. 營養均衡的早餐必不可少

從生理學角度來說，精力來自氧氣和血糖的化學反應。飲食與精力有著十分密切的關係，英文裡有一句流行語「You are what you eat」，意思是說，你吃什麼，你就是什麼。

早餐是每天早上必不可少的，尤其是處於生長期的年輕人更應吃早餐。當然，早餐也不早餐的選擇應該遵行「營養均衡」的原則，比如國際上流行的「彩虹飲食法」（顧名思義就是在餐盤上要看見像彩虹一樣多彩的食物選擇，以蔬果為優先）。不能吃得太飽，那樣只會讓大量血液進入消化道，從而使大腦變得疲憊起來。

時間相對論：比別人每天多出一小時的祕密通道

英國作家赫胥黎說：「時間最不偏私，給任何人的都是二十四小時。」

確實，無論是美國總統，還是世界首富，或者一個普通人，每天都只有二十四小時。不過，日本經濟學家野口悠紀雄說：「根據分配方式的不同，我們有可能把一天變為二十五個小時，只要做好計畫安排、避免浪費時間、增加可利用的時間。」

那麼，到底有沒有什麼祕密通道，可以讓我們比別人每天多出一小時呢？

從理論上來說，答案是有的，它就藏在愛因斯坦的相對論裡。

儘管愛因斯坦的相對論被提出來已經一百多年了，但是當代很多沒有系統學習過物理的人，仍舊停留在牛頓的絕對時空觀裡，他們認為時間和空間是獨立存在的，就像幾千年前中國古人的「宇宙觀」一樣（「宇」指時間，「宙」指空間），時間均勻流逝，空間均勻平直。

愛因斯坦卻在相對論中指出，時間和空間並不是絕對的，而是相對的。時間因物質的運動而改變，空間因物質的存在而彎曲，變得不均勻了，就好比一個彈簧床上放了一顆鉛球，鉛球周圍的床墊就都變得彎曲了。不同的地方彎曲程度是不一樣的，越接近鉛球的地方越彎曲。

在相對論裡，如果你真的能夠「追趕時間」，那麼比別人多出一小時，就變得輕而易舉了。但現在人類無法超越光速，所以只能從理論上來說。雖然我們無法超越光速，但是我們可以控制自己，合理安排好自己的時間，就能夠每天比別人多利用一小時。

哈佛首位女校長福斯特曾經說過：「請善用清醒的時間，追求對你最有意義的東西。」

如果你希望自己比別人每天多利用一小時，可以從三個方面入手：

1. 學會記錄你的時間

如果能夠記錄下時間軌跡，便能發現時間真相，幫助你脫離虛度光陰的懵懂狀態，讓你更加清醒地利用時間。你可以對每天發生的事項進行分類記錄，即我們每天都會做哪些事情，比如睡眠、吃飯、運動、休閒娛樂、社交等，這些事情又分別花了多少時間。

記錄時間一定要確保它的準確性，最好能夠在處理某個事項或者某件事情剛結束的時候馬上做好紀錄，假如事情過後很久再根據記憶去記錄，出錯率就會高很多。

當你學會時間記錄，真正了解和掌握自己的時間走向並做出最合理的調整之後，就能比別人擁有更多時間了。

2. 尊重時間的活性與彈性

在現實生活中，我們時常會遇到「計畫趕不上變化」的時候，並因此對時間管理產生焦慮感 —— 既然做好了時間規畫，就要按部就班，完全按照計畫表上的時間來完成任務。

這裡需要注意兩點：一是計畫表上的時間不是「死」的，它應該根據個人能力、任務的難度以及突發狀況等因素，進行合理調整；二是時間本身並不是「死」的，我們應該尊重時間的活性與彈性，合理地安排時間，合理地制定計畫。

3. 確認你的「黃金時間」

在「黃金時間」讀書、工作、做事，往往能夠獲得事半功倍的效果。生理學家的研究發現，人在一天中頭腦最清醒的時間段有四個：

　　早上起床後，大腦處於最清醒的狀態，因為一夜的休息讓前一天的疲勞感全部消除。這時候，無論是背誦詩詞、英文單字，還是答題，都能夠取得良好的效果。

　　8點到10點是最適合讀書的「黃金時間」，這時候大腦思考飛速運轉，十分活躍，人們可以很好地集中自己的精力，去學習一些分析思考性較強的內容。

　　下午4點到下午6點是另一個適合讀書的「黃金時間」。你可以利用這一時間段來複習功課，加深印象，鞏固課堂上所學的知識，完成較複雜的課堂作業等。

　　入睡前一個小時，可以對一天所學的知識進行回憶，從早上起床到晚上睡下，完整地回憶一遍，問自己學到了什麼、有什麼收穫。這個時間段記住的東西，往往不容易忘記。

個體經濟學：有效增加可支配時間的投入與產出

個體經濟學又叫「個體經濟學」，主要是以個體為單位，從微觀的角度進行研究。如果從個體經濟學的角度來看，一個人可支配時間的投入與產出，是完全可以量化的。

如果能夠投入更少的時間，獲得更大的產出，無疑能讓時間的價值最大化。簡單來說，就是你的一小時，到底值多少錢？不要覺得這個問題很奇怪，假如你正在工作，你一個小時能賺多少錢呢？從個體經濟學來說，你一小時賺的錢，就是你投入一小時的產出。

國外社群媒體 Business Insider 曾經做過一次調查，調查的對象是美國最富有的十六個人，調查的內容是：這些富人一個小時可以賺多少錢？調查結果顯示：亞馬遜的傑夫·貝佐斯（Jeff Bezos）位列第一，他一個小時賺447 萬美元。相比之下，普通人是不是「無言以對」呢？

雖然很多人一小時的收入，遠遠比不過這些世界級富豪，但並不是說，我們的時間就缺少價值。價值這個東西，可以從很多方面來詮釋，金錢只是衡量價值的一種方式，不是全部。

比如一小時的時間，你可以賺多少錢，你可以學多少東西，你可以做多少事情……這些都能夠展現出時間的價值。所以，當朋友拒絕你的求助，不願意為你花時間，你也要學會理解。這可能只是說明，他手中要做的事情比幫助你這件事情更有價值。很多人覺得自己的時間很多，可以浪費的時間還有很多，可以拖延的時間還有很多，可是轉眼就過去好幾年，青春的萌動還沒有退去，就到而立之年了。

這時候，你是不是應該停下腳步，思考一下時間的意義，重新規劃一下人生呢？

1. 學會用錢換時間

有些人想用時間去換金錢，有些人卻想用金錢去換時間。

日本經濟評論家勝間和代在《時間投資法》一書中寫道：「你可以透過委託別人，購買他人的服務，用金錢來換取時間，作為一種時間投資。」

如果你足夠富裕，那麼可以用金錢來換時間，舉一個最簡單的例子，比如你想從高雄到臺北去，高鐵票比火車票更貴，但是花費的時間更少。你選擇搭高鐵——多花錢，少用時間，其實就是在用金錢換時間。

2. 放棄沉沒成本

經濟學上有一個概念叫做「沉沒成本」，它是指過去已經發生或者投入的、不可能再被收回的成本。我們打算做一件事情，不僅會看這件事情會給自己帶來多少益處，還要看過去是否已經在這件事情上投入過成本，比如時間、精力、金錢等。

沉沒成本是不能被改變的，就像被打翻的牛奶無法再裝回瓶子中一樣。我們在做決策前必須清楚哪些成本屬於沉沒成本，對於已經無法收回的成本，我們要理性地選擇放棄，而不是繼續投入時間，為不可能挽回的損失而「哭泣」。

3. 放棄無用社交

無用社交是最浪費時間的，即便你投入了時間在無用社交上，最後的產出也極低。

每個人的時間都很寶貴，精力也很有限。消耗型人際關係好比炸雞泡麵，不健康、沒營養，只會空耗你的時間和精力，屬於無用社交。

對於那些不重要的、不斷消耗你的人，一定要趁早遠離，及時止損。

時間流速感：我們對白天和夜晚的感知差異

「快樂的時光總是那麼短暫，痛苦的時光卻那麼漫長。」

「當我專注做一件事情時，時光過得好快；當我百無聊賴時，時間過得好慢。」

「人在排隊等待時，時間過得異常緩慢……」

你有沒有過上面這樣的經歷呢？時間明明是一分一秒度過的，但在不同狀態下，對時間流速的感知又不一樣。比如早上賴床時，覺得時間走得太快，剛按掉的鬧鐘，一會兒又響了起來；但在上課時，特別是你不喜歡的課時，時間卻像蝸牛一樣緩慢爬過，你都快睡著了，還不下課！

首先，你應該明白，時間有「客觀時間」和「主觀時間」的區別。很多人覺得時間過得太快或者時間過得太慢，其實是「時間判斷失誤」了。

古希臘人早就發現了這一點，他們將時間分為「鐘錶時間」和「沉浸時間」，只有鐘錶之外的時間才是有意義和有價值的。

現代人在此理論之上，將時間分為「客觀時間」和「主觀時間」：

一、「客觀時間」是可量化卻不可更改的，一般用日曆或鐘錶來衡量，比如我們都知道每年會有一個 2 月 14 日 —— 「情人節」；電影在晚上 6 點 30 分開場；早上第一節課在 8 點開始。如果你錯過了這些時間，就會錯過和一個女孩的約會、錯過電影的開場、錯過寶貴的一堂課。這些時間都是可以預知、可以量化的。

二、「主觀時間」是指我們對時間的預知與判斷，是不可量化，也是無從比較的，是我們對鐘錶之外的客觀時間的經驗。有的時候，我們覺得時間過得很快，轉眼就過去了很長一段時間；有的時候，我們又覺得時間過得特別慢，就像蝸牛在爬行一樣。

「時間判斷失誤」的情況，通常發生在「主觀時間」的錯誤判斷上，如何減少這種情況的發生呢？美國心理學家菲利普·津巴多（Philip Zimbardo）說：「人們是基於過去、現在和未來的不同座標來感知時間的。如果你只是局限於其中某一個時間座標，那麼你的生命觀就會發生偏差和受到局限。那些可以在三種不同的時間座標參照中保持平衡的人最有可能適應社會發展的步伐，也能夠更充分地享受生活。」

因此，我們可以透過不同的時間座標來感知時間，並且時刻利用「客觀時間」來提醒自己，因為「客觀時間」是可以量化和觀察的，它可以直接影響我們對「主觀時間」的判斷。

人在專注做某件事情時，也會覺得時間流逝很快。這是因為在專注的狀態下，人會忽略外界的很多東西，比如窗外嘈雜的車流聲、從身邊走過的人、緩慢走過的時間等。很多人肯定有這樣的體驗 —— 你的房間裡掛著一個時鐘，雖然它的滴答聲一直沒有停，但你很少會注意到它，甚至對於滴答聲充耳不聞。除非你刻意去聽，否則你會幾乎忘了時鐘的存在。

不同年齡層的人，對時間的流速也有不同的感知，比如嬰兒幾乎不知道時間是什麼，也幾乎感受不到時間的流逝；而老年人面對有限的生命，會害怕去感知時間，有時甚至不去想時間，只是用直覺的方式，感知當下的時間。

當然，白天或者夜晚的時間感也是不一樣的 —— 早上起床，神清氣爽，時間彷彿擲地有聲，每一秒都可以「享受」很久；夜晚身體已經很疲倦了，只想早點上床睡覺，時間卻過得緩慢；終於到了睡覺時間，除非真的累到倒頭就睡，否則又會突然興奮起來，玩起手機就又忘了時間的存在……

你本可以擁有長達兩萬小時的休息日早上

每一個早上，對年輕人來說，都是無比寶貴的。

早上也不只是在讀書日或者工作日才會出現，週末也有早上。一年 52 週，每週末 2 天，加上無數個法定節假日的休息日，保守估算一年也有 120 天的休息日吧？

如果你從 22 歲開始自己的職業生涯，到 60 歲退休的時候，大約有 5,000 天的休息日時間。如果正好你比較貪睡，休息日要多睡 4 個小時，那麼你就將浪費掉足足兩萬小時的休息日時間！

你可不要小看這兩萬小時的休息日時間，根據「一萬小時定律」——一萬小時可以讓你成為某個領域世界級的專家，你已經錯失了兩次成為世界級專家的機會！

成功學上有一個著名的「付出定律」：你的所有付出都會得到回報，同時你的回報都源於你的付出。如果你得到的東西不多，就只能說明你付出得太少。

任何時候，付出和回報都是相互作用的，如果你沒有在春天努力播種，又如何在秋天有收穫呢？想要得到回報，就必須先學會付出，這幾乎是一個真理！

美國啟蒙運動的開創者富蘭克林在他的著作《財富之路》（*The Way to Wealth*）中寫道：「時間就是生命！」、「時間就是金錢！」這兩句話在世界範圍內廣為流傳，成為年輕人節省時間、珍惜時間的座右銘。

然而，很多人一邊感嘆人生苦短，一邊又在浪費自己的生命；一邊說要追趕時間，一邊又不停地拖延時間。每個人都明白「時間就是效率」，也懂得掌握好時間就等於創造了效率。不過，當我們在思考如何去掌握和

利用時間的時候，時間卻在不知不覺間溜走了。

正因為時間會悄然溜走，所以我們更應該珍惜時間，即便是休息日的「休閒時光」，也要將它充分利用起來，做更多有意義的事情，這樣才不辜負寶貴的時間。

哈佛教授詹姆斯·艾倫（James Allen）曾經寫過一本書，名字叫《你的思想決定業力》（*As A Man Thinketh*）。

他在書中寫道：「在我們的日常生活中，有 90% 的時間都是碌碌無為的，也就是說，大部分時間都是渾噩混過去的。許多人在一天做的事無非是吃飯、上班、睡覺等非常瑣碎的小事。人們只是在不同的地方重複沒有意義、沒有價值的事，雖然從表面看他們在不停地辦事，事情做了一件又一件，但是顯然這些事沒有一件達到他們的預期目標。」

詹姆斯·艾倫希望身邊的人都能夠了解到時間的寶貴。幸運的是，大家都懂得這個道理；可悲的是，大家卻不懂得時間管理。

許多人的一天都是渾渾噩噩地度過，一直到他們離開這個世界。現實中有許多人都是到了快退休的時候才幡然悔悟，發現這一輩子原來並沒有做什麼有意義的事，這一生的時間似乎都已經浪費了。之後他們躺在病床上，每天都在感慨和遺憾中度過，最後慢慢離開這個世界……

詹姆斯·艾倫的這本書出版後，曾經暢銷一時，每一個閱讀過這本書的人都受到了極大的啟發。他們將書中講到的內容對比自己的情況，發現自己真的像書中講的一樣，每一天都好像很忙，其實都是為了生計而疲於奔波。因為沒有去做自己想做的事，因此可以說流逝的光陰都浪費了。

現代管理學之父彼得·杜拉克在《杜拉克談高效能的 5 個習慣》（*The Effective Executive*）中反覆強調「時間管理」的重要性，還提出了具體可靠的方法；美國暢銷書作家史蒂芬·柯維（Stephen Covey）在《與成功有約》

（*The 7 Habits of Highly Effective People*）中同樣講到了「時間管理」的概念，還專門出了一本名為《要事第一》（*Habit 3 Put First Things First*）的書，鼓勵年輕人做好時間管理。這些教授、學者、作家為什麼都如此強調時間管理的重要性呢？

因為時間是一位高明的小偷，如果我們粗心大意，它會偷走我們的一切，包括知識、經驗、財富，還包括健康和生命。

英國社會學家赫伯特·史賓賽（Herbert Spencer）說過：「我們學習的時間是有限的。時間有限不只是因為人生短促，更由於人事紛繁。我們應該力求把我們所有的時間用來做最有益的事情。」

時間能否回報我們什麼，要看我們對待它的態度如何。

一位時間管理專家曾經說過：「每天浪費、虛度、放空的那一點點時間，哪怕只有短短的十分鐘，如果運用得當，也能夠產生巨大的價值。遊手好閒慣了，就是擁有再大的智慧，也不可能有所作為。」

現實生活中，每個人管控時間的能力不同，最終得到的回報也不一樣。如果你懂得如何去珍惜與利用時間，那麼時間就會給你最大的回報；相反的，如果你對時間視而不見，那麼時間就會成為你的敵人 —— 它會隨時帶走你身邊的東西，比如你本可以在長達兩萬小時的休息日早上闖出一番事業，然而在不知不覺中，這兩萬小時一點點被「時間小偷」偷走了……

如果你不懂得時間管理，就會被「時間小偷」光顧。

第 3 章

你可以不早起，但一定要早醒

Training
Basic Logic

你在「睡生夢死」，世界卻在翻天覆地

時間是最公平的，因為每個人每天的時間都是二十四小時，只不過有些人將時間的價值發揮得淋漓盡致，有些人卻將時間白白浪費掉了。

你在玩遊戲的時候，別人在刻苦讀書；你在看電視的時候，別人在努力運動；你還在被窩裡呼呼大睡的時候，別人已經早起讀書或工作了；你在「睡生夢死」的時候，世界卻在翻天覆地……

要知道，世界不會圍著你轉動，太陽不會等你起床後再升起。即便你賴在被窩不想起來，世界仍舊按各自的規律運行著 —— 哪怕你處於靜止狀態，你周圍的一切也都在不停地運轉。

其次，世界上的人也不會圍著你轉，你是否早起、是否賴床、是否在努力，與絕大多數人都毫無關係。正如哈佛大學圖書館裡的那種訓言：即使現在，對手也在不停地翻動書頁！

英國作家狄更斯說過：「這是最好的時代，也是最壞的時代。」

當今的時代資訊大爆炸，一切都處於變化中，競爭尤為激烈。如果是在二十年前，一個人考上好一點的大學，就代表著魚躍龍門、前程似錦。但現在呢？有很多名校大學生也面臨著畢業後找不到合適工作的情況。

如果你不想被他人所取代，就要讓自己擁有超乎尋常的能力。只有足夠優秀，才能有更多的話語權，才能得到更多人的認可，與更多優秀的人同行，過上自己想要的生活。

所以，你可以不早起，但一定要早醒，有些事情越早明白越好：

1. 發展你的優勢，才能讓自己脫穎而出

每個人都有自己的優勢和劣勢，想要獲得成功，你認為應該了解並改

善自己的劣勢，還是將自身的優勢發揮到極致呢？這個問題是由美國著名的民意調查公司蓋洛普提出來的。

當時，蓋洛普公司在數十個國家進行調查，被調查者有數十萬人。調查的結果有些令人出乎意料，在被調查的所有國家中，大多數被調查者都認為應該把關注點放在了解和改善自己的劣勢上，只有極少數的人認為努力發揮自己的優勢更重要，而這些人往往是最成功的人。

蓋洛普公司隨之提出了著名的「優勢理論」：一個人能否取得成功，關鍵就在於他能否避開自己的短處，並且充分發揮自己的優勢。不過在現實生活中，很多人都只看到自己的缺點，從而暴露更多的劣勢，又受到傳統觀念的影響，花費大量的時間和精力去彌補自己的缺陷。「優勢理論」告訴我們要努力讓自己的長處更優秀，而不是一味地去彌補自己的短處。

曾獲哈佛大學榮譽學位的班傑明·富蘭克林有一句名言：寶貝放錯了地方便是廢物。人生的訣竅就是認準人生定位，定位準確才能發揮你的特長。經營自己的長處能為你的人生增值，而經營自己的短處會使你的人生貶值。

2. 提升你的核心競爭力，才能讓自己無可取代

從前人們說到諸葛亮這樣的人才時，會用「上知天文、下知地理、五行八卦、國計民生、無所不通」來形容他，而現在人們說到伊隆·馬斯克這樣的偉大企業家時，會用「某個領域的專家」來形容他，而不會說他是一個門門精通的天才。這也是時代的變化！

現代社會需要的是「專業性人才」，講究的是「核心競爭力」。

百年哈佛為什麼能夠聳立在世界名校之巔？就是因為哈佛擁有一批專注的、深耕於某個領域的學者。如果這些學者沒有選擇性地進行研究和學習，而是廣泛涉獵，在多個領域進行學術研究，也不可能取得某個領域的

突破性成就。正因為他們選擇了正確的目標，排除了各種干擾，所以才能專注地鑽研目標，日積月累，獲得突出的成就。

這也是哈佛大學「核心課程」的設計初衷 —— 開始研究「樹木」之前，先將「森林」的地圖印在自己的大腦中；有了「森林」的地圖之後，再研究「樹木」的細枝末節。

如果你不想被競爭者淘汰，就要學會提升自己的核心競爭力，讓對手無法超越，讓自己無可取代。要知道，殘酷的競爭隨時在發生，你在「睡生夢死」的時候，世界卻在發生翻天覆地的變化，即使是現在，你的對手也在不停地翻動書頁！

因此，你要比對手醒得更早，也要更加努力。

為什麼工作總會慢一步？因為清醒比努力更重要

努力可以分為兩種：一種是盲目的努力，一種是清醒的努力。

有些人明明很努力地讀書、很努力地工作，但還是慢人一步，主要原因就在於「清醒比努力更重要」。只有清楚地知道自己在做什麼、自己想要達到什麼目的，才能算得上真正的努力。如果盲目地採取行動，又沒有明確的方向，那只能算是「瞎忙」。

理論上來說，如果一個人清楚地知道自己想要什麼，並且為之行動，那麼他會自然而然地進入努力的狀態中，而他自己可能並不會在意自己是不是在努力。

當一個人處於「不清醒」的努力狀態時，他的行為會受到兩個因素的影響：

一是主觀意識的影響，比如思考觀念、意志力、行為習慣、回饋時長等。思考觀念決定我們對「努力」行為的主觀認知；意志力決定我們是否能夠堅持行動；行為習慣決定我們是否能打破固有的行為模式；回饋時長決定我們對「付出與回報」的忍受時間有多長，即付出多少時間沒有得到回報，便會終止自己的行為。

二是客觀因素的影響，比如他人的評價、集體意識、外界的誘惑等。他人的評價很容易影響到一個人的行為；集體意識會讓人出現盲目從眾的行為；外界的誘惑也很容易讓人偏離自己的方向。在這些因素的影響下，一個人想要「努力」，其實是一件很困難的事情。因為，無論是主觀因素還是客觀因素的限制與影響，都會讓人消極、懶惰、找不到自己的方向。

如果努力是盲目的，而不是清醒的，會出現什麼情況呢？

從小到大，長輩或老師都教導我們，做事情應該努力、努力再努力，

除了努力，什麼都不用管。可是，隨著年齡的增長，我們會漸漸發現，做事不僅要努力，還要清醒。

如果自己不夠清醒，前進的方向錯了，就算付出再多努力，也不可能到達目的地。

很多人自以為堅持是一種美好的品格，便不顧方向，奮勇直前，直到前方再無去路，才知道自己前進的方向不對，甚至和目標南轅北轍，更可悲的是，此時就算回頭也找不到正確的路了。

在努力奮鬥的過程中，不能盲目努力，一條路走到底，否則前進和後退沒有區別。在課業上也是這樣，解答一道數學題，如果第一步走錯了，後面每一步都是錯誤的；寫一篇文章，如果想要表達的主旨錯誤百出、偏離題意，那麼寫得再多也徒勞無功。

如果努力是盲目的，前行的方向是錯誤的，那麼所有的努力都將變成徒勞。

兩隻小螞蟻想要翻越面前的一堵牆，尋找牆另一邊的食物。那堵牆有二十公尺長、一百公尺高。其中一隻小螞蟻來到牆腳下，毫不猶豫地往上爬。

可是，每次當牠爬到一半時，就會因為體力不支而掉落下來。牠卻沒有因為這一次次的失敗而產生過放棄的念頭，相反的，牠相信只要自己付出了努力，就一定會有所回報；牠也相信，只要自己能夠堅持下去，就會離成功越來越近。所以，牠不斷地努力著，不斷地調整自己的狀態，在一次次的失敗之後仍然沒有放棄自己的堅持……

另一隻小螞蟻卻沒有急著行動，而是認真地環顧四周，分析這堵牆的情況。

最後，牠決定繞過這堵牆以過去牆的另一邊。牠這樣做了，也成功

了。當牠開始享受牆那邊的美食時，另一隻小螞蟻還在攀爬那堵牆，並且努力堅持著！

那隻努力向上爬的小螞蟻無疑是可悲的，在實現自己的目標時，牠只知道一味地「努力」而沒有清晰的思路，沒有正確方向。所以直到最後，牠都一無所獲。

這兩隻小螞蟻的故事也告訴我們一個道理：那就是清醒比努力更重要！

哈佛學子都很勤奮，但是他們絕不會只顧埋頭死讀書，而是懂得提高自己的學習力。唯有學習力，才能讓孩子真正提升讀書效率，成為學習的主人。

在哈佛大學，努力與勤奮是學生們始終貫徹的原則，但他們更講究讀書方法。

在激烈的競爭中，哈佛學子拚的不僅是付出了多少時間與精力，更重要的是他們在拚如何在相同的時間內獲得更高效率的學習能力。因為他們知道，社會在進步，時代在發展，在全新的教育背景下，如果仍然以傳統的方式去學習，恐怕只會事倍功半，白白付出努力。換句話說，只有掌握了高效率的讀書方法，然後再付出加倍的努力，才能取得事半功倍的學習效果。

盲目的努力只會白白消耗人的精力，付出再多也難以有所回報；清醒的努力才能有的放矢，將有限的時間和精力都用在刀口上。無論做什麼事情，清醒都比努力更重要。

追逐你的夢想，絕不「躺平」

玩遊戲的時候，很多人只想「躺贏」；面對壓力山大的生活，很多人只想「躺平」。

自從「躺平」一詞在網路上流行起來之後，越來越多人的目光落到了年輕人身上。其實，想要「躺」的思想並非只出現在當今社會，任何時代、任何國家的人，都需要面對生存的危機、競爭與壓力，選擇「躺平」的人，在英國被稱為「尼特族」，也被稱為「啃老族」。青年人競相「躺平」使得日本成為低欲望社會。

如果可以透過「躺」的方式，縮小自身欲望，緩解生存的壓力，安慰求而不得的自己，又何樂而不為呢？年輕人想要「躺贏」、想要「躺平」的背後，其實也反映了當代年輕人的生存壓力與生存焦慮。

其實，只要把眼光放長遠一些，看看日本、美國、歐洲，就會發現我們的年輕人最不應該「躺平」，為什麼這樣說呢？因為日本推行的是「年功序列制」，以年齡和職位論資排輩，訂定標準化的薪水。年輕人即使再努力，也很難得到晉升的機會。在日本，但凡有些名氣的執行長，幾乎都是爺爺輩的人。而在美國及歐洲一些國家，優質資源也大多在中老年人手中，年輕人想要創業尋求發展，將面臨各種無比苛刻的條款。相比之下，臺灣給予年輕人的創業發展空間要大得多，各種扶持政策也較為完善。在最好的年紀，在最好的時代，如果選擇「躺平」，無疑是最差的生存策略，也是最不明智的選擇。

哈佛大學有這樣一句訓言：「沒有艱辛，便無所獲。」

每個人都需要面對生活的艱辛與苦楚，也需要面對各種競爭與壓力。在應該奮鬥的年紀，最不應該做的事情就是「躺平」。年輕人就應該努力

奮鬥，應該追逐夢想、揮灑汗水。

在現實生活中，每個人都會經歷一段又一段的「灰暗時光」，就像一天中有白天也有黑夜一樣。我們不可能永遠一帆風順，但也不可能永遠黯淡無光。

在人生的「灰暗時光」中，如果放棄夢想、放棄抵抗，只感到痛苦、自怨自艾、害怕或退縮，那麼只能在陰暗的角落裡待一輩子，人生也將變得黯淡無光。

相反的，如果能夠奮力反擊，將痛苦昇華，將壓力轉化為動力，把自己的生命能量轉移到更有創造性的地方，那麼必然會創造出一片屬於自己的天地。

要記住：那些沒有摧毀你的東西，會讓你變得更加強壯。這也是為什麼人在適度的壓力之下，表現會更好的根本原因 —— 人的潛能是無限的，有時候面對的困難越大，激發的潛能就越大。生活中那些足以摧毀我們的東西，終究會變成我們身上閃閃發光的亮點！

當你終於熬過了「灰暗時光」，當你的夢想終於實現之後，你是否可以鬆懈，繼續「躺平」，不再努力，也沒有夢想了呢？當然不行，因為夢想不止一個，成功也沒有盡頭。當你的夢想實現之後，當你獲得成功之後，還應該放空心態，重新出發，開始追求下一個夢想……

這便是著名的「空杯子心態」—— 或許你曾在昨天獲得了無比輝煌的成績，但它早已成為「過去式」，已經成為某種回憶。只有把自己想像成「一隻空著的杯子」，放下過去的一切，才能更好地接受新的東西，更好地面對未來。

「空杯子心態」並不是完全地否定自己的過去，而是懷著放下過去的態度，融入全新的環境，以積極樂觀的態度去面對全新的事物。當你放下

成功、放下榮譽，開始新的征程時，你的心態、你的格局、你的能力，都會得到根本上的提升，而這一次，你將站得更高、走得更遠……

內在清醒：鍛鍊屬於自己的思考模式

早上，當你從睡夢中醒過來的時候，身體和心靈應該同時清醒 —— 只有保持內在清醒，才能真切地感受生命的意義，才能採取行動，開始新一天的生活。

什麼是內在清醒呢？即擁有清晰的、合理的、正確的思考模式。

愛因斯坦說：「人們解決世界上的問題，靠的是大腦的思考和智慧。」

美國暢銷書作家丹‧蘇利文（Dan Sullivan）和凱瑟琳‧野村（Catherine Nomura）在《終身學習》（The Laws of Lifetime Growth）中明確寫道：「決定成敗的不是你的能力，而是你的思考模式。改變思考模式最好的時間是十年前，其次是現在。」

當今社會可謂是瞬息萬變，在殘酷的競爭與挑戰中隱藏著各種機遇，在紛繁複雜的變化和不確定性面前，有人惶恐不安，有人卻破浪前行，其差別就在於他們擁有不同的思考模式。

思考模式是指我們如何看待和理解周遭的世界、如何面對和解決遇到的問題。思考模式也是行為的「指揮官」，現代社會大多數的較量，歸根究底還是思考模式的較量。

可以毫不誇張地說：一個人擁有怎樣的思考模式，就擁有怎樣的人生！在人的成長過程中，包含了好奇心、注意力、思考力、想像力等諸多重要因素，而這些因素的背後都與人的思考模式有關 —— 你不僅要思考，而且要懂得思考，更重要的是不做無意義的思考。每天發生的事情很多，要面對的東西也雜亂無章，但你必須保持內在清醒，用自己的思考模式，去思考和面對生活中的所有問題。

哈佛十分重視學生的思考訓練。因為，思考能力決定著人的上限，如

果不肯動腦子，思考就會僵化，就像是一潭死水，激不起任何波瀾。你不斷地工作，卻沒有動用你的腦子，思考模式沒有得到提升，又如何能夠做出突破與創新呢？

思考是最為奇妙的東西，它能夠控制人的行為，讓人們以開闊的眼光去看待世界；思考也會限制人的行為，讓人們鑽進死胡同裡無法轉身。

值得慶幸的是，思考模式不像出身、智商一樣難以改變，它可以透過學習和鍛鍊得到改善及提升。那麼，年輕人應該如何鍛鍊自己的思考模式呢？

對於任何人來說，思考模式都像是一座宏大而複雜的宮殿 —— 它不斷被建造，又不斷被重塑，而且這種建造與重塑將持續一生。換句話說，人到死的那一天，都不會擁有完全固定的思考模式，因為任何一種全新的知識或認知，都能讓思考模式發生變化。

雖然我們很難從整體上去改變或者重塑一個人的思考模式，但是可以從局部去培養和鍛鍊一些思考能力，比如邏輯思考、批判性思考和擴散性思考這些常用的思考能力。

1. 邏輯思考：讓你擁有更加嚴謹的思考模式

人最容易犯的毛病就是講話沒有條理，事先沒有準備與構思，想到哪裡就講到哪裡，整個過程看起來一點關聯都沒有。最重要的是，如果邏輯性不強，這說明了本身的觀點就存在著問題，缺乏合理的解釋。論句的不準確性，會讓觀點產生理解上的偏差。

邏輯思考的重點在於觀點，觀點代表著你的立場，你肯定什麼、反對什麼，必須有著準確又清晰的判斷。在判斷前，你必然要有思考，否則你的觀點將是空的，經不起推敲，很容易被反駁到啞口無言。

2. 批判性思考：讓你離真理更近一步

所謂批判性思考就是一種懷疑精神，既要批評，也要有自己的判斷。在接觸一個事件時，首先要產生懷疑。懷疑的前提是思考，透過思考對事件進行準確的判斷。但是人總是過度傾向審視他人，而忽略了思考應有的意義。當人因為牴觸外界而產生批評時，基本上很少有自己的想法，所維護的不過是一種假的正義罷了！

這時，你更需要批判性思考。透過深入思考來判斷對方的批評是否合理、是否需要接受。無論你的計畫制定得多麼細緻，都會存在缺陷。不完美的計畫必然會引來批評。所以你需要針對批評進行全面的思考，反覆完善自己的計畫。

3. 擴散性思考：讓你更具有創造力

美國心理學家吉爾福特（Joy Guilford）曾說：「創造性思考就是擴散性思考。」

每個人在思考、解決問題時都會或多或少受到慣性思維的影響，難以突破自我，難以找到新的解決方案。而擴散性思考能夠打開思考的多個維度，讓我們獲得更廣闊的「視野」，對同一個問題將有更多的解決方案，對同一個事物將有不同的解讀……

當然，除了以上幾種思考模式，還有許多思考模式需要我們去學習和完善。

俗話說：「活到老，學到老。」年輕人在培養和鍛鍊自己的思考模式時，也要有「終身學習」的態度。只有學習更多的知識，才能讓自己更加接近真理。

打開腦洞：可以獲得幸福感的最小行動

還記得幾年前風靡一時的「哈佛幸福學」嗎？

哈佛大學最受歡迎的王牌選修課，原本是「經濟學導論」，但是塔爾·班夏哈（Tal Ben-Shahar）導師的「幸福課」一經推出，便迅速摘得「哈佛最受歡迎的選修課」的桂冠！

塔爾·班夏哈說：「幸福感是衡量人生的唯一標準，是所有目標中的最終目標。」

什麼是幸福感呢？就是人們對其生活品質所做的情感性和認知性的整體評價，簡單來說就是人們對於幸福的自我感受。這也是人類的共性：不斷對生活環境、生活事件以及自我進行評價。從這個意義上來說，一個人是否幸福，不僅僅取決於外在因素的影響，還取決於自我對所發生的事情在情緒上做出怎樣的反應、在認知上做出怎樣的評價。

1960 年，有記者問心理學大師卡爾·榮格（Carl Jung）：「你認為，想要獲得幸福感，人類的頭腦裡需要哪些必備的基本要素？」卡爾·榮格的回答即為以下五方面：

1) 有良好的生理及心理健康。

2) 人際關係（婚姻、家庭、朋友等關係）相對和諧。

3) 在自然或藝術中感知美的能力。

4) 有滿意的工作及生活水準。

5) 有應對世事變遷的哲學或宗教視角。

儘管卡爾·榮格為人們指明了獲得幸福感的基本要素，但是這些要素仍舊無法成為衡量幸福感的標準。西方心理學家、經濟學家和社會學家對幸福感的測量，已經探索了幾十年，也累積了一定的知識與經驗。不過，

到目前為止，世界上還沒有一種普遍認同的幸福感測量工具，許多測量方法仍處於不斷改進之中。

或許有人會認為，「有錢」會讓人獲得極大的幸福感，但事實並非如此。

哈佛商學院、曼海姆大學和耶魯大學的學者曾經做過一次調查，結果顯示那些所謂的富翁只有讓自己的財富成長二到三倍，才能夠在幸福感方面獲得完美的「十分」，無論現在他們已經多麼富有。這次調查的主要負責人指出：「富人無論擁有一百萬美元，還是一千萬美元，他們的幸福感都不會隨著財富的成長而增加。」

換句話說，現代人的幸福感並不是完全和金錢掛鉤 —— 對貧窮的人來說，獲得更多的金錢可能會讓他們獲得更多的幸福感，因為人在「生存焦慮」中很難感受到幸福；而對於那些擺脫了「生存焦慮」的中產階級及富人來說，金錢與幸福感之間的關係就不再這樣顯著了。

塔爾·班夏哈曾說：「獲得人生幸福的要點有很多個，第一要點就是遵從自己內心的熱情，選擇對你有意義並且能讓你快樂的課，不要只是為了輕鬆地拿一個學分而選課，也不要選你朋友上的課或是別人認為你應該上的課。」

人生應該從醒過來的那一刻，就感受到幸福。年輕人正處於成長發展階段，可能尚離那些可以獲得幸福感的「巨大成功」稍有距離，但仍舊可以打開腦洞，想想生活、讀書和工作中那些可以獲得幸福感的小行動：

1) 自主選擇自己喜歡的生活方式。

2) 時間上可以自由安排。

3) 與他人保持良好的人際關係。

4) 心流體驗：能夠專心做好一件事情。

5) 充足的睡眠。

6) 運動。

7) 睡前寫下三件讓自己感到幸福的事情。

8) 在他人需要時提供幫助。

9) 有精神寄託與信仰。

10) 自信。

　　總之，人生中的「巨大成功」能讓你備感幸福，生活中的小細節同樣能讓你幸福感滿滿。

內觀體驗：找到需要「播種」和「除草」的地方

內觀是印度最古老的禪修方法之一，意思是「如其本然地觀察事物」。簡單來說，內觀就是一種自我觀察、自我反省的方法。每個人都需要

觀察自己的身心實況，這樣才能找到需要「播種」和「除草」的地方 —— 不足之處，加以增補；不當之處，加以割除。這樣才能不斷成長、不斷進步，不斷改正自己的不當之處，不斷完善自身的不足。

哈佛大學的教授曾說：「有意義的人生在於時時審視自己，人在內省中常常會發現什麼是最珍貴的。所以，沒有經過自省檢討的人生，是沒有價值的。」

內觀便是審視自己的內心，透過觀察自身來淨化自己的身心。有人可能會說，內觀就是冥想嗎？雖然兩者有著相似之處，但還是存在一定的差別 —— 內觀是佛教的修行法門，目的在於明心見性、自我提升；而冥想是瑜伽的修行方法，相較於佛教內觀來說還不夠完善。

可見，內觀可以是簡單的自我反省，也可以是複雜的自我超脫。

什麼是反省呢？反省就是自我觀察，是認識自己、分析自己、提升自己、獲得成長的最佳途徑。一個人在犯錯之後，只有學會反省，才能夠對自己的錯誤行為及錯誤思想做出深刻的檢查和認識，從而修正自己的行為及思想。

反省也是「反省心理學」中的一個專業詞彙，它是指人們對於自身過往心理活動的回憶。那麼，反省和回憶是同一回事嗎？當然不是了，回憶是大腦對外部事件或資訊的儲存、提取和再現，而反省是大腦對內部心理事件或心理活動的回憶、提取和再現。

　　很多成功者甚至偉人也擁有經常反思的好習慣。比如英國著名作家狄更斯，他有一個習慣就是自己沒有認真檢查過的內容，絕對不會輕易展示在大眾面前。狄更斯每天都會把自己寫好的內容認真讀幾遍，然後不斷發現其中的問題，再不斷改正，直到幾個月後自己滿意了，才將文稿展示在大眾面前。再比如法國作家巴爾札克，他在寫完小說之後，會不斷修改文稿，直到最後定稿，而這個過程往往需要花費好幾個月，甚至是好幾年的時間。正是這種不斷糾錯、不斷反省的態度，才讓兩位作家都取得了耀眼的成就。

　　詩人海涅曾說：「反省是一面鏡子，它能將我們的錯誤清清楚楚地照出來，使我們有改正的機會。」很多人都在思考，什麼樣的人生才是成功的人生？當然是不斷超越自我、不斷完善和不斷成長的人生。當你陷入人生困局時，也要學會透過反省、透過內觀體驗，去認識自己、去探尋問題的根源、去尋找解決問題的方法。

　　內觀還能幫助你發現不一樣的自己，無論自我欣賞，還是自我批判，都會帶來益處。

　　哈佛大學的一位教授曾說：「反省是一面鏡子，它將我們的錯誤清楚地照出來，使我們有改正的機會。丟掉了這鏡子，渾身汙垢的你就喪失了清潔自己的參照。」

　　一個人如果沒有內觀體驗，就無法察覺自己哪些地方做得不好，需要去改進；也不知道哪些地方還有不足，需要去彌補和提升。只有透過內觀體驗，才能發現錯誤與不足，才能去彌補與改進。否則，就只能在「不自知」的情況下，繼續犯錯，永遠存在不足之處……

挖掘「腦黃金」：讓左右腦相互合作

　　大腦是人體最複雜、最神祕的器官，為什麼這樣說呢？因為大腦包含了約一千億個神經元，如果把每個神經元想像成一個星球，那大腦堪比整個銀河系。

　　大腦可分為左腦和右腦。雖然左右腦的形狀看起來差不多，兩者在處理資訊的方式上卻存在巨大差異。不過，左右腦又是密不可分的，並且是相互合作的，不管失去左腦，還是失去右腦，人都無法正常獨立地完成思考。

1. 右腦是本能腦，主要控制人的感性思考

　　右腦讓人類有了想像力、創造力、觀察力等，只要是依靠圖像和影像記憶的東西，都需要使用右腦，因此右腦又被稱為「圖像腦」。

2. 左腦是意識腦，主要控制人的理性思考

　　左腦主要負責控制人的判斷力、思考力、推理能力等，透過左腦可以將看到的東西、聽到的語言和文字整合起來，進行記憶和推演，因此左腦又被稱為「語言腦」。

　　從古至今，科學家對大腦的探索就沒有停止過。只是由於科學技術的局限性，人類在挖掘「腦黃金」方面並沒有獲得突破性的進展。的確，對人類來說，大腦就像一個巨大的寶庫，對大腦的探索就像對宇宙的探索一樣，任何一個新發現，都能改變人類文明史。

　　從十九世紀第一張詳細的大腦皮質機能定點陣圖到二十世紀電腦斷層掃描技術的出現，再到二十一世紀認知神經學的快速發展……相信在不久

的將來，人類一定能夠發現「腦黃金」的祕密。

2017 年，哈佛腦科學研究團隊獲得了美國國家衛生研究院提供的 1.5 億美元巨額資金支援，用以研究大腦的工作機理，進一步揭祕大腦中蘊藏的神祕寶藏。

諾貝爾經濟學獎獲得者丹尼爾·康納曼根據人類的理性與感性思考，提出了「兩個系統」理論，也就是大腦處理資訊時往往依賴「兩個系統」，其中一個系統傾向於感性，它能夠快速地、自動地、情緒化地處理資訊；另一個系統傾向於理性，它能夠邏輯性地、有意識地、慎重地處理資訊。通常，人們在處理一些簡單的資訊時，會運用到感性思考；而在處理一些複雜的資訊時，則會運用到理性思考。

當然，每個人的思考習慣不同，即使面對同樣的問題，有些人依賴直覺的、情緒化的、反應迅速的感性思考，有些人卻依賴客觀的、慎重的、有意識的理性思考。

無論號稱自己是個理性的人，還是個感性的人，都只能說明他們的思考方式更加傾向於理性或感性。事實上，每個人的大腦都是理性與感性並存的，沒有絕對理性的人，也沒有絕對感性的人。理性和感性就像一條長軸上的兩端，沒有人站在兩個極端上，大家都位於兩端之間的某個位置上，而且人們所處的位置也不是一成不變的，會根據各種因素不斷地變化。

偏向理性思考的人，在思考、處理問題的過程中，更看重客觀事物的發展規律，而不是自身的情感體驗。所謂理性思考，也就是建立在客觀事實和邏輯推理基礎之上的思考方式。它能夠有效避免主觀情緒的影響，讓人們在思考、處理問題時不衝動、不只憑感覺行事，能更好地集中注意力，專注於解決問題本身。

但是，人不可能永遠保持理性，即便再理性的人，也有感性的時候。

因為每個人的大腦都是理性與感性並存的，同樣地，每個人思考問題的時候，也需要左右腦互相合作，即理性與感性並存 —— 在生活中應該讓感性多於理性，這樣才會顯得有「人情味」，才能更好地與人相處；在讀書和工作中，則應該讓理性多於感性，這樣才能理智地思考和判斷問題，提高讀書和工作的效率。

你是在思考，還是在亂想

哈佛大學的校訓是：「與柏拉圖為友，與亞里斯多德為友，更要與真理為友。」

這句話告訴哈佛學子，要善於思考、勤於思考、主動思考，要用思考的力量去提升、創造價值。只有擁有強大的思考力，才能掌控人生、靠近真理。

哈佛大學的詹森教授曾說：「人必須時時進行思考，今天我們所處的世界總是讓人感到陌生和有壓力，甚至有些恐懼。只有進行深度思考，才能戰勝愚昧，在積極的思考中勇敢地面對未來。」的確，很多失敗都是由於缺乏思考造成的。無論是讀書、工作、解決問題，還是做決策、探索未知，都離不開積極有效的思考能力。

人醒來後的第一件事情就是思考；人睡著前的最後一件事情，也是思考。但每個人思考的內容、思考的方式，又有差別 —— 有些人習慣淺嘗即止，思考問題的時候，總是浮於表面，這樣與其說是思考，不如說是亂想；有些人卻習慣深度思考，對每個問題都要「想徹底、想明白」，這樣的思考能夠接近事物的本質。

那麼，什麼樣的思考，才稱得上是積極有效的思考呢？

1. 深度思考

什麼是深度思考？就是不斷逼近事物的本質，將問題從混亂到有序、從表象到本質、從碎片到整體、從抽象到具象的一個思考過程。透過深度思考，能夠讓我們找到更重要、更深刻、更本質的關鍵點。也就是透過重重的表層，追根溯源，找到問題的核心所在。

　　現代社會資訊爆炸，大多數年輕人每天都忙著看手機、上網，以為自己收穫頗豐，卻從來沒有進行過深度思考。很多人都是這樣迷失自己的，不知道自己在做什麼，也從來沒有思考過自己的現狀，每天渾渾噩噩按部就班，對任何事物都不求甚解。

　　深度思考的重點在於過程，但它又有別於思考的過程。我們是如何進行深度思考的呢？就是當我們發現未知的事物時，會在大腦中形成一個全新的概念，或者在面對書中的事物時，會在大腦中思考和發現它全新的一面。這樣的思考算是深度思考。

2. 無遺漏、無重複

　　在思考問題的過程中，我們經常需要分析多個選項或要素，這時候就會涉及「問題分析法」中經常會提到的「無遺漏、無重複」的思考方式。

　　什麼是「無遺漏、無重複」呢？金字塔原理有一個核心法則 MECE 分析法，讀作 MeSee，全稱為 Mutually Exclusive Collectively Exhaustive，中文意思是「相互獨立，完全窮盡」。簡單來說，就是對一個重大的議題，能夠做到不重疊、不遺漏地分類，而且能夠借此有效掌握問題的核心，並提出解決問題的方法。

　　MECE 分析法是麥肯錫的第一個女顧問芭芭拉·明托（Barbara Minto）在《金字塔原理》（*The Pyramid Principle*）中提出的一個很重要的原則，也是麥肯錫思考培養的一條基本準則。MECE 把一個工作專案分解為若干個更細的工作任務。它主要有兩條原則：

　　「無遺漏」是指分解工作的過程中不要漏掉某個項目，要確保完整性；「無重複」是強調每項工作要獨立，每項工作之間不要有交叉重疊。

3. 保持思考的持續性

我們知道大腦思考的過程是一個處理外界資訊並做出決策的過程。電腦工作的過程也是一個處理資訊並得出計算結果的過程。兩者之間有什麼不同呢？電腦的所有複雜運算，是以二進位為基礎的數學運算；而人類大腦處理資訊的過程，是在自己腦海中虛擬演繹世界發展變化的過程。當然，兩者也有一個共同點，就是具有持續性 —— 電腦可以持續運行，而人的思考過程也具有持續性特徵。

在思考過程中，應該保持思考的持續性，確認自己的目標，不要讓思考隨意馳騁。尤其是在進行深度思考時，更要保持思考的持續性，這樣才不會迷失思考的方向。

如果你做到以上三點，便是在進行積極有效的思考，而不是在亂想。如果你再仔細一點，就會發現以上三點，不過是在講思考的深度、廣度和長度而已！

笛卡兒有一句哲學名言：「我思故我在。」人只要活著，只要醒過來，就需要思考。

第 4 章

黃金一小時：起床之後，最應該做的事情

Training
Basic Logic

打造一個高品質的早晨慣例

有些人每天明明起得很早，但為什麼還是不見長進呢？

這是因為很多人都存在一個思考偏差，以為「早起」就等於「高效率」。事實上，有些人早起了，卻忙於各種瑣事，把早上的「黃金一小時」白白浪費掉了。

試想一下：早上花一個小時專注地完成功課或工作跟花費三小時邊工作邊走神，雜亂無章地完成任務，哪一個效率更高呢？

早起只是第一步，打造屬於你的「早晨慣例」，才是高效率早上的重點。美國暢銷書作家提摩西·費里斯（Timothy Ferriss）在《一週工作四小時》（*The 4-Hour Workweek*）一書中做了一個探索：他花費了大量時間去調查世界上最成功的一些族群 —— 政客、企業家、科學家、運動員等的早晨慣例是怎樣的。然後又將調查的結果用在自己身上，最後得出五個最佳的早晨慣例，它們分別是：鋪床、冥想、鍛鍊、補充水分和寫日記。

當然，每個人的生活習慣不同，早晨慣例也不一樣，更沒有什麼標準。瑞士和比利時的科學家曾經做過一項研究，主要研究早起者與晚起者的大腦活動有何不同。研究人員找來兩組受試者，要求他們每晚睡七個小時，什麼時間睡覺由自己安排。然後又偷偷告訴第一組受試者，他們必須比第二組受試者早起四個小時。

兩組受試者在不同的時間點起床之後，再安排同樣的任務給他們，結果顯示：兩組受試者在執行一系列的任務時，表現差別不大，不過早起者的效率更高，因為他們是在「有意識早起」的狀態下去完成任務的，而晚起者則是在「無意識早起」的狀態下去完成任務的。

可見，早起後清楚地意識到自己應該去做哪些事情，是確保早上高效

率的關鍵。

很多人早起後，都像無頭蒼蠅一樣，這裡一下，那裡一下，根本不知道自己應該做什麼。有些人早起後卻井井有條，花費最短的時間將應該做的事情都做好了，正是因為他們擁有屬於自己的「早晨慣例」。所以說，早上的「例行公事」才是度過一個高效率、高品質早晨的祕訣。

那麼，如何才能打造一個高品質的早晨慣例呢？可以借鑑一下下面這幾點：

1. 前一天先做好準備

如果你是學生，前一天晚上就應該把第二天早上需要用到、需要帶去學校的東西準備好，這樣才不至於早上起來的時候，手忙腳亂。如果你已經在進入職場了，也應該有所準備。

2. 鬧鐘響了要馬上起床

這一點很重要，你必須在鬧鐘響第一次的時候，就馬上起床。否則鬧鈴就會響第二次、第三次、第四次……相信我，該起床的時候，人的意志力真的很薄弱。

3. 不要貪睡

睡懶覺真的很誘人，回去睡個回籠覺好像也挺不錯，但它們都是「溫柔的陷阱」，只要你陷進去，一天的計畫就泡湯了。

4. 快速整理床鋪

暢銷書作家提摩西·費里斯在《一週工作四小時》中說，鋪床能為自己帶來掌控感。你可以向他學習，快速整理好床鋪，獲得掌控感與成就感。

5. 舒舒服服地洗個澡

　　早上洗澡真的很舒服，而且能夠幫你快速從昏昏沉沉的狀態中清醒過來。

6. 享受美味的早餐

　　早餐永遠不可缺少，它不會讓你餓肚子，還能為你提供一上午的熱量。

7. 開始美好的一天

　　美好的一天就這樣開始了，記得出門前給自己一個好的心理暗示：今天又是開心的一天！今天肯定又會收穫滿滿……

　　無論你是早起的鳥，還是晚起的夜貓子，只有當你起床之後，你的「早上」才剛剛開始。無論你什麼時間起床，你都會擁有「黃金一小時」。而這一個小時所做的事情，將成為一天的基礎。所以，你要盡量早起，並且盡量打造一個高品質的早晨慣例。

　　這樣才能夠展現出早起的價值，以及早上「黃金一小時」的價值。

斷捨離是確保專注力的必要措施

　　哈佛大學心理學教授艾倫‧蘭格（Ellen Langer）寫過一本名叫《專注力》（*Mindfulness*）的書。她在書裡說：「專注力是能與歲月對抗的力量，能讓人獲得新知、找到差異，從而做出更有利於自己的選擇。」

　　然而在現實生活中，大多數年輕人缺乏專注力，他們不滿足於「單一專業」，而迷戀各種速食式的知識，今天對人工智慧技術感興趣，明天又開始學經濟學課程。他們選擇涉足多個行業，擁有多重身分，過著多元化的生活，還自詡為「斜槓青年」，事實上卻無一精通，在任何領域停留的時間都不長，對知識的獲取也只是淺嘗即止……

　　如果一個人缺乏專注力，不懂得選擇正確、專一的目標，總是游離在不同的領域，哪怕他花費了大量時間去讀書與工作，真正能夠進入腦子裡的東西也少之又少，因為他始終在「玩水」而沒有潛入那個領域的「深水區」。每個領域都有屬於自己的龐大的知識體系，其深度遠遠超乎我們的想像，只有選擇正確的學習目標，並且長久而專注地停留在某一個領域，才有可能進入這個領域的「深水區」，成為這個領域的頂尖人才。

　　時常會有年輕人發出這樣的抱怨：明明自己的智商和情商都很高，學習能力很強，工作能力也很強，但是每天忙忙碌碌，埋首書桌前「苦心」學習，加班加時地工作，最後仍舊一事無成，拿不到好的成績，沒有驚人的業績，這是為什麼呢？歸根究底還是專注力不夠！

　　哈佛大學第 22 任校長洛厄爾（Abbott Lowell）說過：「想讓一個人的大腦發揮最佳的狀態，那麼就讓它不間斷地處理一件事情，這樣專注地去做、去想，最後一定會取得最好的成效。」

　　人的大腦在連續處理同一件事情時，才能夠發揮最大的功效，只有保

持長久的專注力，才能取得最佳的效果。儘管大腦具有同時處理多項任務的能力，但是有一個前提，那就是同時處理的這幾項任務必須是自己熟悉的、完全能夠掌握的任務。那些分配力、專注力很強的人，往往能夠多項任務同時進行，不過對於普通人來說，同時處理多項任務只會讓專注力分散。

相較於分散注意力、同時處理多項任務，一心一意地完成一項任務，能夠更好地集中注意力，並且提高效率。所以與其同時處理無數問題，不如致力於解決一個問題。

著名的 Oxford Learning（牛津學習）網站上也提出了同時處理多項任務對我們的不利解釋，它會直接導致注意力分散、讀書效率降低。如果你感興趣，也可以在 Oxford Learning 網站上學習成功的十二個祕訣，其中最重要的祕訣便是：在一段時間內只專注於學習一件事情，停止多項任務操作，做到有效率地學習。透過一心一意地學習，可以提升在每一項任務上的專注力。

這樣的「專注力」能夠幫助我們更好地知道自己在做什麼，以及怎樣才能做得更好。

那麼，在起床之後，如何讓自己保持專注力呢？

除了遠離多項任務的隱患，一次只做一件事情，還要學會「斷捨離」。

1. 斷掉心中的雜念

很多年輕人內心想法太多、雜念太多，在讀書或工作時，總是被各種雜念所干擾，分散自己的專注力，無法專心讀書和工作。內心的雜念包括混亂的思考、天馬行空的想像力、無形的壓力等。只有斷掉這些雜念，才能讓自己保持專注。

2. 捨棄負面的情緒

　　情緒對專注力的影響是不言而喻的，尤其是負面情緒的影響，比如焦慮、擔憂、煩躁等；同時也要捨棄過於積極的情緒，如激動、興奮等。

3. 遠離外界的干擾

　　外部環境的干擾主要包括：環境中的雜訊、環境裡的氣味、環境的光線和明暗程度、環境的顏色變化、不舒適的衣物、書桌上雜亂的物品、網路與電子產品等。遠離它們，替自己營造一個安靜、舒適的環境。

　　塔爾‧班夏哈說過：「人們總是希望在短時間內做更多的事情，卻不知道做事情的數量也會影響到事情的品質；人們也喜歡將簡單的事物複雜化，讓自己困於自己所設置的障礙中，從而矛盾彷徨。其實，人應該盡量將生活簡單化，從事少而精的活動，這樣才更能獲得成功。」

　　日本著名企業家稻盛和夫也曾說過：「很多人都存在一種思考傾向，就是把事情考慮得太過複雜。可為了靠近事物的本質，我們必須學會將複雜的現象簡單化。當事情變得越來越簡單時，我們就離事物的本質越來越近了。」

　　在起床之後，學會「斷捨離」，能夠讓我們更好地保持專注，並且輕裝前行。

大腦的空白時刻 —— 「感官失靈」

很多人早上醒來後，感覺大腦一片空白，好像身體雖從被窩裡爬了出來，意識卻沒有。這時候大腦運行很慢，甚至會出現充耳不聞、視而不見的「感官失靈」狀態，這是為什麼呢？

首先，人剛醒過來的時候，大腦和身體的各項機能還處於被抑制狀態，就像「沒睡醒」一樣，需要幾分鐘的緩衝時間。這段緩衝時間過了之後，才能從被抑制狀態轉為興奮狀態。大腦出現「感官失靈」，可能只是大腦及身體的各項機能還沒有完全「清醒」而已。

其次，人類透過感官和直覺去認識世界、獲取資訊，然後將資訊傳遞給大腦。不過，人類的大腦不會像錄影機那樣，能夠準確客觀地記錄所有看到的資訊，大腦更像是一位小說家，會將接收到的資訊進行過濾，然後結合自己的知識和經驗，對資訊進行重建。

美國神經生理學家沃爾特·弗里曼三世（Walter Freeman III）說：「我們的大腦從外界接收資訊，然後又拋棄掉它們中的大部分，只使用其中一小部分來建立一個內心世界，並以此來代表外部世界。這樣一來，我們好像戴著一副看不見的鏡片在看世界，鏡片過濾掉大部分的資訊，我們透過自己的內心來填充這個世界，就好像填上文字一樣。」

簡單來說，就是我們所看到的世界，只是自己想要看到的那一部分，大腦會自動「忽略」一部分資訊，然後將專注力放在「篩選」出的資訊上。大腦在處理資訊時有兩個特點：一是大腦接收資訊的能力非常差，即使你向大腦輸入了十條資訊，但最終能夠被大腦接收的資訊可能只有兩到三條；二是大腦一次性接收資訊的容量十分有限，很難同時處理好多條資訊。這麼說來，剛起床時出現「感官失靈」的情況，也就「情有可原」了，

畢竟大腦從被抑制狀態轉為興奮狀態，也需要一點適應時間。

哈佛大學的兩位教授曾經做過一個有趣的實驗：他們拍攝了一部短片，片中有兩隊籃球運動員在不斷地傳球，其中一隊穿白色的運動服，另一隊穿黑色的運動服。然後讓參與實驗的志願者觀看短片，統計出片中穿白色運動服的球員的傳球次數，並且完全忽略片中穿黑色運動服的球員的傳球次數。

兩位教授還在短片中安排了一段特別的場景 —— 讓一個人假扮成黑色大猩猩，走到球員當中，並且對著鏡頭捶打自己的胸膛，然後再走出籃球場，全程長達 9 秒。

在不到一分鐘的影片放映結束之後，兩位教授詢問志願者看到多少次傳球。有的回答 34 次，有的回答 34 次……當然，這些回答都不重要，兩位教授提出一個更重要的問題：「你在數傳球次數的時候，還看到了什麼特別的東西？」結果約有一半的人回答沒有，儘管那隻「大猩猩」在螢幕上停留的時間長達 9 秒！

接著，兩位教授又讓志願者重新觀看了那部短片，並且不再有計人數的要求。這一次，他們都輕而易舉地發現了人群中的「大猩猩」。志願者大多驚訝地感嘆：「我居然沒有看到！」還有一位志願者堅定地認為，自己前後觀看的兩部短片，根本就不是同一個版本！

在這項實驗中，大約有一半的志願者出現了「感官失靈」的情況，到底是什麼原因讓他們對螢幕上出現的「大猩猩」視而不見呢？兩位教授在《為什麼你沒看見大猩猩？》（*The Invisible Gorilla*）一書中給出了答案 —— 原來，當人的注意力高度集中在某些特定的事物上時，會出現一種叫做「不注意視盲」的認知局限，這種認知局限會自動忽略掉那些「不重要」、「不需要」的資訊。

這也是很多人粗心大意、馬馬虎虎的根本原因。要知道，大腦處理資

訊的能力十分有限，如果有多個目標、多條資訊需要處理，大腦便會自動篩選出重要的部分，忽略掉不重要的部分，這樣才能確保大腦有足夠的資源去處理篩選出的任務資訊。

　　早上起床之後，大腦開始運行起來，處理大量的資訊。你所看到的一切，比如陽光、街道、車輛、人群、樹木等，這些事物都代表著不同的意義，需要不同的應對方式。如果大腦無法將感官接收到的全部資訊處理掉，就會「自動篩選」，在你「毫無知覺」的情況下，自動選擇出需要處理的資訊，並且忽略掉大量無關緊要的資訊。

　　所以，早上剛起床時，如果大腦出現「感官失靈」的狀態，不必慌張，只要一會兒就能恢復清醒了。但如果是在白天讀書或工作中出現「感官失靈」的狀態，則是大腦疲憊、注意力渙散的表現。這時記得讓大腦休息片刻，因為從你醒來開始，大腦就一直不停地運轉著……

有條不紊的祕訣：紙本計畫＋數字提醒

　　在哈佛，每位學子都對知識充滿了渴望，不過學習的道路無比漫長，有時更像一場艱苦的賽跑，最終能夠到達目的地的人，其實並沒有更多有利的條件，因為大家都很優秀，只是有些人自律性更強，懂得如何約束自己，從而獲得有條不紊的行動力。

　　哈佛的課業壓力有多大呢？典型的哈佛學子，每學期至少要選三到四門必修課，每節課每週要上三個小時。這些課每週還需要一小時的討論時間。所以，每週上課時間通常為十五小時左右；下課時間，學生需要花費大約五十個小時，去閱讀、完成作業、參與討論小組等，如果臨近考試，需要花費在讀書上的時間則更多。

　　除了在讀書上花費大量時間，哈佛學子還需要將「寶貴的時間」用在課外活動上。學校會提供學生各式各樣的平臺，讓學生有機會認識不同領域的人，從而建立起自己的人脈。此外，各種志願者活動、體育活動、學生俱樂部、政治小組、音樂會等，都是學生課餘生活中不可或缺的一部分……如果哈佛學子無法安排好自己每天的日程，生活將陷入一片混亂之中。還好，大多數哈佛學子都有很好的計畫，他們透過「紙本計畫＋數字提醒」的方式，讓自己的生活始終處於有條不紊的節奏中。

　　首先，讓我們來看看哈佛學子是如何制定「紙本計畫」的。

　　一位哈佛學子曾在網路上分享了自己的「紙本計畫」。他說：「我馬上就要大三了，在哈佛度過了一半的大學時光，此刻內心有一種懷舊的感覺，無論如何，對我而言，這都是一個自我反省的好機會……同時，在這個時間點向大家展示一下我的大學生活再適合不過了……」

　　他替自己制定了每日計畫，他選擇將自己每天要做的事情寫在紙質日

曆上，而不是輸入 Google 日曆。他在紙質日曆上劃分出六個區域，每天占一個區域，這樣每天要做的事情就可以有對應的區域，這就是他的週計畫了。

他是如何實施自己的週計畫的呢？首先在本子上寫下自己的計畫，完成一件就劃掉一件，這個過程能讓他的內心產生一種滿足感。他也能真切感受到每天在校園內度過的時光。

最後，他分享了自己寫在紙質日曆上最具代表性的一週的日常安排：

1. 學術

他在哈佛修哲學和政治學雙學位，每個專業都要分別修兩年的課程；另外還有兩門課程，一個是政治理論簡介，另一個是政治研究方法，其中有三節課都要寫論文。所以，一週大多數時間他都在忙著讀書寫文章，有幾份作業截止日期快到了，簡直忙翻了！

2. 課外活動

這一週他還要參加超多的社團活動：一份打工，一份學校的實習，一個女學生聯誼會，一堆專業學術會，一個講座等等。

3. 社交活動

這週他還有八次和朋友一起吃飯的安排。週六晚上的舞蹈秀是學生的華麗大秀，每年都一票難求！週五到週六之間他會參加四個派對。週末就放鬆一下，每兩週出去玩一次釋放壓力，否則他感到這種快節奏的生活要把自己逼瘋了。

一週的活動這麼多，他是怎麼度過呢？答案是熬夜。他坦言自己在一週裡可能會熬夜好幾次，有時直到清晨，透過窗戶看到了日出！

　　接下來，再看看「數字提醒」有什麼作用。「數字提醒」的概念源於現代管理學，尤其是網際網路時代，是否懂得數位化管理，已經成為衡量管理者優劣的重要標準。有了「數字提醒」，提升管理的精確度。有了精確的「數字提醒」，管理者才能清楚地掌握員工的工作情況，從而給出更精確的指令。

　　在很多公司裡，管理者的水準如何，也是透過「數字提醒」來呈現的 —— 初級管理者「眼中無數」，只能做定性管理；中級管理者「眼中有數」，能夠根據數字做定量判斷；高級管理者「心中有數」，能夠掌握重要的數字，並且熟知這些數字之間的關係。

　　如果將「數字提醒」放進日常生活中，或者寫進「紙本計畫」，同樣會有巨大的影響力。比如：為了早起而設置的鬧鐘上的數字、為了達到某個目標而寫下的數字、有了多少進步直接用數字表示等。數字不僅能夠為我們帶來最醒目的提醒，而且能夠幫助我們更好地量化執行計畫的時間、進度以及成果。

　　可見，「紙本計畫＋數字提醒」正是哈佛學子在繁忙生活中仍舊保持有條不紊的祕訣所在！

晨讀：建立資訊化時代的記憶宮殿

晨讀，每個人都曾有過的「美好經歷」—— 從幼稚園到大學，甚至工作之後，很多人都保持著晨讀的好習慣。因為清晨空氣清新、頭腦清醒，晨讀能夠幫助我們很好地記憶。

一個人能夠記憶的東西越多，說明學到的知識也更多。很多老師、父母認為，早上是人記憶力最好的時段，所以總是要求孩子早起晨讀、背誦單字或課文。雖然老師、父母的想法是對的，但是認為「早上是人記憶力最好的時段」的想法，並不完全正確。

大量的科學研究顯示，每個人最佳的記憶時段不一定是早上，比如一些「夜貓子」，他們晚上的記憶力會更好；而有的老年人，在下午的記憶力才最好。所以，我們不能一概而論，而是要根據每個人的年齡、體質、習慣、心理狀況等因素，確定每個人的最佳記憶時段。

1978 年，美國聖約翰大學的兩位教授做了一個有關記憶力的實驗：他們調查了幾千人，其中包括兒童、青少年和中老年人，最後將這些人在一天中的「最佳記憶時段」做了紀錄：

一、 30% 的人，在早上記憶力最佳，剛一清醒，他們就做好了吸收新知識的準備；

二、 30% 的人，在下午記憶力最佳，他們在午休醒來後記憶力最強。

三、 30% 的人，在晚上記憶力最強，他們就是傳說中的「夜貓子」。

四、 10% 的人，沒有時間上的偏向性，在任何時段都能很好地記憶。

雖然每個人的「最佳記憶時段」不同，但大約 1/3 的年輕人的「最佳記憶時段」仍舊是早上。這時候進行晨讀，或者學習一些重要的知識，往往會收穫滿滿。

　　事實上，在資訊化時代，人類的整體記憶力正處在不斷下滑的狀態，主要是因為「外包大腦」的出現。什麼是「外包大腦」呢？就是將大腦需要記憶的東西，外包給雲端，將其儲存在網路系統之中。這無疑是網路資訊數位化時代給人類提供的最實用、最便捷的服務了。

　　雖然「外包大腦」為我們帶來了很多方便，但也存在一些問題：比如過度依賴「外包大腦」只想把有用的資訊存儲在雲端或硬碟上，而不願意用大腦去記憶。

　　我們應該明白，大腦記憶才是人類知識結構、能力結構中最基礎的一個環節。只有透過大腦記憶，才能累積經驗與學識，才能實現思考上的創新。過度使用「外包大腦」，只會讓思考越來越僵化，遇到問題只會網路搜索，人會漸漸失去獨立創新的能力。

　　那麼，如何才能建立資訊化時代的記憶宮殿呢？

　　那就是找到屬於自己的「最佳記憶時段」，用大腦去思考、學習和記憶。當然，死記硬背肯定不行，而應該講究方法。下面推薦幾種哈佛學子常用的記憶方法：

1. 形象記憶法：將要記憶的資料轉變成有趣的畫面

　　心理學研究發現，所有的記憶都具備形象化與圖像化的過程，而不僅僅是簡單地依靠想像力。所以，在面對枯燥無味的資料時，可以透過豐富的想像將這些資料轉化為生動有趣的畫面或者故事，讓記憶更加深刻。

2. 理解記憶法：在牢記前對內容進行深入的剖析

　　理解記憶法是最普遍的一種記憶手段，比如對原理、定義、公式以及法則等的記憶都需要先理解內容，然後才能牢固地記住。理解記憶的前提就是思考，透過深入地思考，能讓資料變得更容易記住。

3. 關聯記憶法：讓抽象的東西與熟悉的東西建立關聯

所謂關聯，相當於用一根繩子，將一項熟悉的印象深刻的事情和另一項不熟悉印象不深刻的事情緊緊地結合起來。當我們回憶時，可以透過熟悉的事情，聯想到不熟悉的事情。

總之，如果能夠掌握好早上記憶力最佳的時段，利用好的記憶方法，便能讓學習事半功倍。在美好的清晨，無論進行晨讀、學習還是工作，都能有更多的收穫。

晨跑：全速前進在人生的賽場上

如果沒有體育考試的話，恐怕願意進行晨跑的學生並不多。

當然也有少數學生是出於習慣而晨跑，或者為了增強體魄而晨跑。無論基於什麼原因而晨跑，都要注意自己的體質，同時也要注意晨跑的時間長短、距離遠近。不要以為只是跑步就不會出現危險，事實上每年在晨跑中受傷的學生也很多。

晨跑也應該像其他運動一樣，循序漸進地展開，而不能直接進行高強度的晨跑運動。換句話說，在晨跑開始前，應該先做一些簡單輕鬆的熱身運動，等身體進入了運動狀態，再開始晨跑。

一般情況下，半小時的晨跑應該有 3 分鐘左右的熱身時間；然後循序漸進地跑 20 分鐘左右，要根據自己能力去加速，而不是盲目追求速度；最後 5 分鐘做拉伸放鬆運動，讓身體慢慢恢復平和，再結束晨跑。

這樣的晨跑方式，才是最健康、最舒服的，才能讓年輕人全速奔跑在人生的賽場上！

那麼，晨跑對年輕人來說，都有哪些好處呢？

1. 讓早晨的時光更充裕

有晨跑習慣的人，無疑都擁有良好的時間觀念。他們只會早起，而不會晚起，他們往往比一般人擁有更多時間。

2. 精神更抖擻，不會打瞌睡

晨跑，可以讓你精神更抖擻，帶給你一天的戰鬥力。

3. 提高食慾，讓你的消化能力更強

在晨跑過程中，人體的消化器官會加速血液循環，有助於提高你的胃腸消化能力。

4. 增強體質，預防骨質疏鬆

堅持晨跑的人，身體素養都很好，身體各項機能都保持在健康狀態。晨跑還能預防骨質疏鬆，增加骨骼密度。

5. 讓人心情愉悅

晨跑屬於有氧運動，在晨跑過程中，微血管會張開，身體多個部位都會參與活動。這時候你會感受到心情愉快，內心的壓力和焦慮也消失不見了。

雖然晨跑好處多多，但總會有人在晨跑過程中受傷，所以要特別留意做好自我防護。著名的《哈佛公報》曾發布過一項研究報告指出，那些腳步輕盈的跑步者，很少會受傷；而那些腳步聲巨大、落地鏗鏘的跑步者，時常弄傷自己。這是為什麼呢？

在過去的很多年裡，30% 到 75% 的跑步者都發生過不同程度的損傷，其原因主要為跑鞋不適合、跑前沒有做拉伸運動、肌力不平衡等。

但哈佛大學的研究顯示：腳步很重或者腳掌先著地的人，更容易發生運動損傷。而柔和的著地方式可以減少跑步受傷的可能。研究發現，柔和的著地傾向於更快的步頻，最佳的步頻是在每分鐘 180 到 190 步之間，此時的著地聲音比較柔和。至於採用前腳掌著地還是腳跟著地，反倒不那麼重要了。所以，在晨跑的時候，最好不要戴著耳機聽歌，而是聽自己的腳步聲，讓自己跑得更加輕盈。

早餐會議：輕鬆拓展人脈的好時機

　　哈佛大學餐廳的早餐選擇性很大，因為哈佛大學匯集了世界各國的優秀學子，必須解決「眾口難調」的問題。不過，哈佛學子在餐廳裡吃早餐，不僅是為了填飽肚子，還有其他目的—借著吃早餐的短暫時間，拓展自己的人脈。

　　所以，在哈佛大學，吃早餐又被稱為「早餐會議」。

　　哈佛校園中一直流傳著這樣一種觀念：「你認識誰比你是誰更重要！」在這個重視社交、憑藉人脈就能打天下的新時代，人際網路的組建已經成為人們的共識。它不僅是人生高度的基本象徵，也是人際交流中「群分圈子」的基本符號。

　　「人脈」在哈佛校園中並不是一個難以啟齒的話題，相反的，哈佛會大方地向每位學生傳授「人脈課」，課堂上有一些來自政界或商界的旁聽生，還會利用哈佛深厚的人脈資源拓展自己的人脈圈子。哈佛人脈課的授課模式也非常實用化 —— 根據大家的職業背景集合眾人，形成背景多樣化的小組，課前課後，學習小組可以展開討論，用案例的方式進行分析。

　　在拓展人脈的過程中，要學會「擇優原則」，也就是與優秀的人成為朋友，而這份優秀應該建立在個人情形之上。通常優秀的人有三種：一是經驗比自己多的，二是人脈比自己廣的，三是實力比自己強的。優秀的人脈要根據自身的需求來選定。如果你缺乏可利用的資源，就多結交一些擁有豐富資源的圈子；如果你缺乏資金，就結交一些富人組成的優質圈子；如果你缺乏人脈，就結交一些擁有廣闊人脈的優質圈子。

　　只有跟與自己相比，水準更高一等的人組成的圈子才能算是優質圈子。因此，要組建一個優質的人脈圈子，就要多結交一些比自己更優秀的

人。千萬不要只和比自己水準低的人為伍，那樣只會讓自己不斷退步，甚至變得自負與慵懶。

網路上有一個詞很流行──「Man Keep」，其本意為「人脈管理」，現指善於運用人脈、善於經營和管理人脈的人。

進入新時代，人脈圈的建立已經變得越來越重要了。如果你能夠進入一個優質的人脈圈，就意味著擁有了巨大的人脈關係網路。相反的，如果你成為局外人，就有可能被淘汰出局。

史丹佛大學的研究中心曾經發表過一份調查報告，其結論顯示：一個人一生中所賺的錢有 12.5% 來自於自身掌握的知識，有 87.5% 來自於自己擁有些人脈圈子。

而在紐約舉行的一次主題為「ManKeep」的大會上，數千名人士聚在一起探討人脈圈的重要性，真正的懂得運用人脈的人所經營的圈子都是「養兵千日，用兵一時」的。

一個優質的圈子能夠同化圈子裡的人，而一個優秀的人會帶動整個圈子的發展與進步。個人能力通常是與圈子相輔相成的。無論再優秀的人才，都不可能脫離圈子獨立發展，就像人無法離開社會一樣。面對競爭，你要做出最明智的選擇，是要成為局內人，還是成為局外人。

現在，你應該能夠明白，為什麼哈佛學子不會放過吃早餐的機會，去認識更多的人了吧。因為，這是一個靠「人脈」打天下的時代，而「人脈」是建立世界的基礎法則。

人生的奧妙之處就是與人相處，攜手同行。生活的美好之處就是送人玫瑰，手留餘香。人生就是如此，你選擇和什麼層次的人在一起，就會到達什麼層次。美國有一句諺語：「和傻瓜生活，整天吃吃喝喝；和智者生活，時時勤於思考。」

　　那些善於發現別人優點的人，能夠將他人優點轉化為自己的長處，讓自己也成為聰明的人。學最好的別人，做最好的自己，借人之智，成就自己，這便是成功之道。

此刻出發：在逐夢的路上元氣滿滿

哈佛大學有一句名言：「你要像狗一樣地學習，像紳士一樣地玩。」

這句話聽起來十分通俗易懂，所揭示的道理卻十分深刻：無論是讀書還是玩耍，都應該充分利用好每一分、每一秒的時間，全力以赴。在讀書時，要心無旁騖，專心讀書；當學習進度完成之後，要放下疲憊的身心，好好休息。這樣才能在起床後，立刻踏上征程；在逐夢的路上，保持元氣滿滿。

哈佛學子能夠在讀書和休息這兩種狀態間自由轉換 —— 讀書的時候，就專注於讀書；休息的時候，就專注於休息。

不過，現實生活中，很多年輕人缺少這種「自由轉換」的能力。在學習狀態中無法專注於學習，休息狀態中無法專注於休息。

他們的專注力轉換緩慢，很難快速適應全新的環境，也難以快速進入全新的狀態中。相比之下，哈佛學子在學習和休息兩種狀態之間自由轉換的能力，值得我們去學習和效仿。

某留學頻道曾推出名為《世界著名大學》的系列專題節目，第一期的「主角」便是百年名校哈佛大學。為了更好地還原哈佛大學的真實風貌和濃厚的學習氛圍，製片人和攝製組成員親自前往哈佛大學進行了實地採訪。

他們在哈佛大學發現兩個震撼人心的畫面：一是哈佛校園裡隨處可見睡覺的人，甚至在餐廳的長椅上也有人在呼呼大睡，而旁邊用餐的學生並不感到奇怪，因為他們知道那些倒頭就睡的人，是因為讀書太累了。二是許多學生一邊啃著麵包，一邊還在忘我地看書。

這種濃厚的學習氛圍讓製片人深受感動，她採訪了幾位優秀的哈佛學

子，才知道在哈佛大學，學生的學習幾乎是不分白天和黑夜的。不過，他們也樂在其中，因為他們有遠大的夢想。

一位在哈佛留學的臺大女孩告訴製片人：「哈佛的大學生，每學期至少要選修 4 門課程，1 年是 8 門課程，4 年之內修滿 32 門課程並通過考試才可以畢業。一般而言，學校要求大學生在入校後的頭兩年內完成核心課程的學習，第 3 年開始進入主修專業課程的學習……而且，哈佛的作業量很大，學生在課後還需要花很多時間看書、預習課程……」

雖然哈佛大學的學業壓力很大，但學校並不提倡學生將所有的時間都用來讀書，而應該「像狗一樣學，像紳士一樣玩」，希望學生能在學習狀態和休息狀態間自由轉換。

製片人和攝製組成員用鏡頭記錄哈佛學子的課後生活，他們積極參與學校舉辦的藝術活動，例如音樂會、戲劇表演、舞蹈演出以及其他藝術展覽等。不僅如此，哈佛每年都會舉辦藝術節，這些豐富了學生們的課外生活。學生在這些充滿藝術氣息的活動中得到了藝術的薰陶，同時也進一步提升了他們的審美能力和藝術修養。

這也是哈佛大學的教育理念之一，讓學生在日後的課業與工作中學會適當休息。當我們完成一項重要的功課之後，要學會轉換自己的注意力，從學習的狀態中抽離出來，全身心地投入到玩耍中，讓身心都處於放鬆的狀態。在盡情地休息一段時間後，精力和體力都得到了恢復，此時再轉換到學習狀態中，自然會獲得全新的動力，更加專注於學習。

近幾年來，由近百所美國頂尖私立高中組成的聯盟 Mastery Transcript Consortium（MTC）發明了一種全新的學生評量體系。這種評價體系不包含分數，也不分等級，而是持續追蹤評估孩子的八項能力，其中「建立靈活、敏捷的適應能力」成了評估的八項能力的重點之一。這種評量體系剛剛推出，便得到了美國大學新申請系統（CAAS）的青睞，而使用 CAAS

申請系統的有哈佛大學、耶魯大學、普林斯頓大學、哥倫比亞大學、史丹佛大學、康乃爾大學、達特茅斯學院、杜克大學、密西根大學等八十餘所美國名校。

什麼是「靈活、敏捷的適應能力」呢？它不僅包括學生快速適應全新的學習環境、生活環境以及社會環境的能力，也包括從一種狀態轉換到另一種狀態，從一個事物轉移、聚焦到另一個事物的能力。那些擁有「靈活、敏捷的適應能力」的學生，才能在不同的狀態之間進行自由、快速的轉換，讓專注力如同相機鏡頭一樣能夠快速轉換和快速聚焦。

現代美學奠基人朱光潛先生說過：「越聰明的人，越懂得休息。」

你也應該像哈佛學子那樣，擁有「靈活、敏捷的適應能力」，能夠自由、快速地切換「讀書」和「休息」兩種狀態——在休息時，專心休息；在讀書時，專心讀書。

只有這樣，才能讓自己始終保持元氣滿滿的狀態，在逐夢路上輕鬆前行。

第 5 章

在不曾早起過的時間裡，做點「非常規」的事

Training
Basic Logic

比昨天早起五分鐘，賦予人生另一種可能

一個人想要獲得成功，離不開兩個因素 —— 天賦與努力。

每個人的天賦是與生俱來的，有高低之分且難以改變；但努力是「可控因素」。一個人付出了多少努力，堅持了多長時間，都會影響到最終結果。

其實，只要你能夠比昨天早起五分鐘，並且一直堅持下去，人生就會發生本質上的變化。

很多年輕人可能都有睡懶覺的習慣，尤其是週末。當鬧鐘「按時」響起時，他們總會迷迷糊糊地將鬧鐘關上，安慰自己說：「沒事，今天是週末，還可以繼續睡下去……」

可是，到了該上學或者該上班的日子，當鬧鐘響起時，他們仍舊安慰自己說：「時間還早，還可以再睡五分鐘……」如此拖拖拉拉，一直到不得不起床的時候，才不甘心地掀開被子。

晚上睡覺的時候也如此，總是告誡自己，要馬上睡覺，明天還要上學，或者還要工作，但拿起手機就忘了剛剛的承諾，也忘了時間。一直拖到半夜一兩點，還在告誡自己：最後五分鐘，最後五分鐘……

可能很多人沒有意識到，就是這短短的「五分鐘」時間，能賦予人生另一種可能！

比昨天早起五分鐘，你可以多出五分鐘的時間來看一篇文章、多做幾個運動、多享受一會兒美食、多背幾個單字……如果堅持早起五分鐘，你的生理時鐘和時間觀念也會跟著改變。

千萬不要小看這短短的「五分鐘」，一天兩天也看不出什麼效果，但是一個月兩個月、一年兩年、十年二十年呢？短短的「五分鐘」就會成為

可觀的時間。

　　有一種很特別的竹子，種植第一年的時候竹子一點成長也沒有，甚至連芽都不會冒出來，第二年、第三年、第四年依舊如此，直到第五年的時候，它才從土裡冒出一點小芽，之後的一年裡，它的生長速度十分驚人，每天至少要長高 0.6 公尺。在夜深人靜的時候，你走進竹林裡，甚至能夠聽到竹子拔節生長的聲音。

　　人們很好奇，為什麼這種竹子能夠在一年的時間內迅速成長呢？其實，在它長出地面之前，它的根部已經在地下默默地生長了，最長的植根甚至可以延伸到好幾里之外。它就這樣默默努力著，一天又一天，一年又一年，直到時機成熟的那一天，就突然從土裡冒出來，讓看到的人驚嘆不已。這便是著名的「竹子定律」。

　　美國暢銷書作家麥爾坎・葛拉威爾（Malcolm Gladwell）在《異數》（Outliers）一書中寫道：「人們眼中的天才之所以卓越非凡，並非他們的天資超人一等，而是他們付出了持續不斷的努力。一萬小時的錘鍊是所有人從平凡變成世界級大師的必要條件。」這便是著名的「一萬小時定律」：不管你做什麼事情，只要堅持一萬小時，基本上都可以成為某個領域的專家。

　　很多人無法堅持，是因為在行動的過程中，遇到了困難、障礙、瓶頸，或者沒有得到顯著的回報就放棄了堅持。但是困難能夠解決，障礙能夠跨越，瓶頸也能突破，而且長久堅持還有可能帶來意外的收穫，正如默默生長的竹子一樣，正如「一萬小時定律」所講的一樣。

　　「忙完秋收忙秋種，學習，學習，再學習。」這是一句廣泛流傳在哈佛大學的話。這句話充分說明了學習的重要性。我們也可以看出即使是身處哈佛大學的「天之驕子」也要不停地學習，日復一日，年復一年。因為他們知道，學習貴在堅持，只有不停地學習，才能有所進步。哪怕每天多學

習「五分鐘」，一年下來也會有顯著的進步。

　　人的一生中，大家擁有的時間差不多，天賦也差不多。大多數人出生在這個世界上，手裡的「牌」都差別不大。可是，隨著時間的推移，人與人之間的差距就慢慢變大了，這是為什麼呢？

　　其實就在於每個人付出的努力不一樣，每個人堅持的時間不一樣。如果你相信「竹子定律」、相信「一萬小時定律」，那麼就從今天開始，比昨天早起五分鐘，並且一直堅持下去……

　　相信在一段時間之後，你會發現自己的人生發生了本質上的變化。

每個人都需要破殼而出

很多年輕人無法早起，原因主要有三點：一是習慣如此，難以改變；二是沒有早起的意識，甚至從來沒有想過要早起；三是缺少早起的方法，想早起，卻又做不到。

尤其是冬天，被窩裡又暖和、又舒適，誰不想多睡一會兒呢？

哈佛校訓中有這樣一句話：「此刻打盹，你將做夢；此刻學習，你將圓夢。」

如果你不想每次考試成績都落於人後，不想每次績效考核都墊底，就要從暖和的被子裡爬起來，哪怕它是你的「保護殼」，你也必須破殼而出，踏上學習之路、奮鬥之路。

誰不想一直待在舒服、溫暖的「殼」裡，不用讀書、不用努力、不用吃苦呢？但年輕人還沒有到應該「享受」生活的年紀。如果在應該打拚的年紀選擇了安逸，放棄了努力，那也是對自己人生的不負責。現在吃的苦，終將變成未來的甜；而現在選擇了安逸，未來必然會吃苦。這不是人人都懂的道理嗎？

很多人喜歡待在自己的「殼」裡，而不願意做出改變，這也是有原因的。「殼」裡溫暖又舒適，不用面對挑戰與壓力，不用費力讀書或工作，不用與人競爭，也不用面對改變帶來的不確定性。這樣的「躺平」人生，難道不好嗎？如果非要破殼而出，就意味著要去讀書或工作，要去面對競爭與壓力，要去面對各種「不確定性」。對很多人來說，破殼而出就等於放棄原有的思考模式與生存模式，並且需要去建立全新的思考模式與生存思考，這一過程本來就是難以忍受的煎熬。

但是，對任何人來說，心理的重大改變和躍升，任何放棄「舊模式」

建立「新模式」的過程，都會出現各種「不確定性」，都會產生各種「不安全感」。

如果能夠戰勝這種「不確定性」和「不安全感」，就不會害怕並且抗拒改變了。相反的，這種改變還會帶來「新生」── 每個人破殼而出之後，都會進入全新的狀態中⋯⋯

抗拒改變是人性的弱點，人性中的恐懼和懶惰決定了人們安於現狀。改變包括行為、生活方式的改變，還包括思考方式的改變。行為、生活方式的改變或許還算容易，思考上要改變卻很困難，因為思考的改變意味著質疑甚至否定自己原有的價值觀和世界觀，再逐漸建立起一個全新的價值觀和世界觀，這就像替自己的思考做了一次手術，是痛苦而又孤獨的過程。

現實生活中，還有很多人將「不變」當成一種美德、一種約定俗成的褒獎，然而「不變」也會成為一種束縛。安於現狀，保持原有的生活模式，能讓我們感覺「熟悉」和「安全」，但同時也意味著不思進取、因循守舊，漸漸失去創新的能力。

蘋果的執行長提姆・庫克（Timothy Cook）在母校杜克大學的畢業典禮上，對學弟學妹說過這樣一段話：

「你們這一代人比以往任何人掌握的知識力量都強大，這能夠讓世界快速發生改變。得益於科技的發展，每個人現在都有讓改變發生的工具和潛力，因此我們可以讓這個時代變成最好的時代。」

生命中最嚴苛的挑戰，就是知道何時突破傳統，做出改變。每一位年輕人都應該如此，破殼而出，不再墨守成規，不再安於現狀，不再抗拒改變。當你真正破殼而出的那一天，當你離開溫暖、舒適的被窩，勇敢踏出第一步之後，翻天覆地的改變將接踵而來。

習以為常的，不一定就是正確的

習慣的力量有多大呢？一個人只要養成了一個習慣，就會不自覺地在「習以為常」的軌道上運行。無論這個習慣是好是壞，都將給人的一生帶來深遠的影響。

美國心理學家威廉·詹姆斯（William James）曾說：「種下一個行動，收獲一種行為；種下一種行為，收獲一種習慣；種下一種習慣，收獲一種性格；種下一種性格，收獲一種命運。」

習慣是人類長期形成的一種行為方式、思考方式和處世態度，它就像不斷轉動的車輪一樣影響著每個人的生活。好的習慣能夠讓你脫穎而出，幫助你站在成功者的行列中；壞的習慣會讓你越來越困頓，就像陷入惡性循環的泥沼中一樣難以自拔。

當你習慣做一件事，就會切身體會到這種習慣所蘊藏的巨大力量。比如有的年輕人習慣睡懶覺，多年以來早就習以為常 —— 或許也想過做出改變，但因為各種原因，始終沒有成功；或許從來沒有想過要改變，日復一日、年復一年，歲月就那樣過去了，根本沒有意識到「睡懶覺」這件事情為自己帶來了多少壞處。

培根說：「習慣是一種頑強而巨大的力量，它可以主宰人生。」

亞里斯多德說：「重複的行為造就了我們，因此，卓越不是一個行為，而是一種習慣。」很多人都知道自己身上有很多不好的習慣，也想養成一些好的習慣。但任何一種習慣的養成都不是一朝一夕的事情，它需要在一次次重複的行為中被塑造出來。

現代心理學中的觀點是：人之所以會產生某種習慣，是因為大腦一直在尋找 一種最「省力」的方式，而習慣能夠讓大腦得到更多、更大的

好處。

　　每個人在思考問題的時候，都會按照以往的經驗或固定的、模式性的思考去做出判斷，這就是心理學家所說的「慣性思維」。儘管慣性思維有助於大腦的思考，但更多時候會影響到我們的決策能力，讓我們將一些習以為常的事物認定為「正確」的。

　　一個人擁有慣性思維是正常的，這幾乎是人人都會犯的「通病」。可是過於單一或者教條式的慣性思維，會讓自己陷入不自覺的僵局之中。

　　那麼，如何才能打破「慣性思維」呢？

1. 不要被「習以為常」的東西所欺騙

　　每個人都有自己的認知，都有自己的知識體系，都有自己的判斷力。但並不是說，自己覺得正確的事情，就一定是正確的。因為人的認知會有局限，很多自以為正確的事情，不一定正確。所以，知識不等於智慧。一個人的知識儲備如果過於單一、固化，便很容易變成慣性思維的犧牲品，將無法實現創新和突破，更無法有效地發揮自己的創造力。

2. 對於「習以為常」的東西，也要有批判性思考

　　所謂批判性思考就是一種懷疑精神，既要批評，也要有自己的判斷，而不是為了批評而盲目批評。在接觸到一個事件時，首先要產生懷疑。懷疑的前提是思考，透過思考對事件進行準確的判斷。但是人總是過於傾向審視他人，而忽略了思考應有的意義。當人因為牴觸外界而產生批評時，基本上很少有自己的想法，所維護的不過是一種假的正義罷了。

　　除了慣性思維，壓力也會促進習慣行為的形成。這是加州大學洛杉磯分校和杜克大學的最新發現：人在龐大的壓力下，更容易信賴慣性行為。也就是說，當人們感到有壓力時，無法輕易做出決定，意志力也會隨之減

弱，讓人感到不知所措。這時候，慣性就會成為行為的「主控者」。在這種狀態下，人們在做事情時不會在意所採取行動的正確與否，而只會做出習慣性的行為。

　　總之，任何一種習慣的養成或改變，都不是一件簡單的事情。它由人的大腦與心理所決定，如果一個人的意志力不夠堅定，不僅難以養成好的習慣，還容易養成更多壞的習慣。

　　現在，你已經知道一個人的習慣是如何養成的了。那麼，你覺得自己有足夠的意志力去養成每天「早起」的好習慣了嗎？

吃到葡萄之前，先別急著說它是酸的

《伊索寓言》中有這樣一個家喻戶曉的故事：

一隻狐狸午睡起床後，覺得肚子很餓。這時牠正好路過一個葡萄架，看到熟透的葡萄一串串垂下來，牠的口水都流出來了。

可是葡萄架太高，狐狸踮起腳也摘不到。聰明的狐狸想到了一個好辦法，牠向後退了幾步，然後猛然跳起來，可是離葡萄還是差一點點。經過好幾次跳躍，仍舊沒有成功。

狐狸有點累了，也有些心灰意冷。不過，牠馬上又笑了起來，自我安慰道：「這些葡萄看著很誘人，但說不定還沒熟，又酸又澀呢！幸虧沒吃到嘴裡，不然我會難受死的。哼，這種酸葡萄，就是送給我吃，我也不願意吃！」

狐狸這樣想著，「心安理得」地走開去尋找其他的食物了。

這便是心理學上著名的「酸葡萄效應」，指的是自己的需求無法得到滿足，甚至產生挫折感時，為了消除內心的不安而編造一些「理由」進行自我安慰，讓自己從不安、焦慮的情緒狀態中解脫出來，不會受到傷害。

如此說來，「酸葡萄效應」也是人類的一種自我保護機制。

現實生活中，很多年輕人不是都像這隻狐狸一樣嗎？起初信誓旦旦，替自己制定了一個目標，比如早起背誦十個單字，可第二天早上鬧鐘一響，又不想起床了，還給自己找來各種藉口：再睡幾分鐘吧！沒有睡好，哪有精力背誦單字呢？這個時間點，起床的人應該很少吧？大家都沒有起床，我繼續睡也很「正常」啊！算了，繼續睡吧，明天再背也不遲……

就這樣，不僅早起的計畫被拋之腦後，還給自己找來一大堆理由，以求心安理得。

　　1959 年，美國心理學家利昂·費斯廷格（Leon Festinger）首次提出了「認知失調理論」。他認為，當一個人的認知相互矛盾時，或者從一個認知推斷出另一個對立的認知時，便會出現心理上的不適感。這便是「認知失調」。為了解除這種不適感，心理防禦機制會站出來，替自己找出各種理由來安慰自己，以此來恢復心理上的平衡。

　　這樣的例子在生活中屢見不鮮，比如當我們得不到自己想要的東西時，就會將其「醜化」，讓它變成狐狸口中的「酸葡萄」，從而讓心理平衡。比如面試工作失敗了，內心本應該有些失望，但轉念想想這份工作也有各種不好的地方，薪水不夠高，福利不夠好，還不能隨意請假……這樣一想，內心的失落感沒了，反而多了一絲欣慰。

　　再比如，當我們努力追求的目標無法實現時，就會強調自身既得的利益，淡化目標的結果，從而讓自己不至於過分失望和痛苦。比如一起參加選秀節目的朋友入圍了，你卻被淘汰了。為了減輕內心的失望與痛苦，你可能會安慰自己說：「這次入圍又不代表會成為冠軍，就算成為冠軍也不一定會紅，沒什麼可羨慕的。我自己雖然被淘汰了，但有了參賽經驗，還有更多的比賽在等著我呢！」

　　「酸葡萄效應」作為一種心理防禦機制，最積極的意義就在於，它能夠讓我們在遭遇困難與挫折後減輕或者免除精神壓力，讓心理保持平衡，從而更好地適應現實的社會生活。

　　不過，這種阿 Q 式的「心理安慰」，也只能暫時緩解內心的壓力與痛苦，不能總是依賴此法，而應該馬上採取積極的應對措施，解決問題，讓自己獲得真正積極的情緒。

　　那麼，如何才能徹底擺脫「酸葡萄效應」呢？

　　最好的方法，就是改變自己的態度和行為。失敗了就承認失敗，從失敗中獲取經驗，尋找「下一次做得更好」的方法，而不是替失敗找藉口；

想要得到某個東西，就要努力提升自己，透過自己的努力去獲得，而不是透過自我安慰，去緩解內心「求而不得」的失落感。

當錯誤不可避免地出現時，我們的第一反應應該是「承認錯誤」，而不是找藉口。

只有改變自己的態度，承認錯誤，接受錯誤，才會想辦法去改正錯誤，戰勝錯誤。如果只知道找藉口安慰自己，那麼就不可能「知錯能改」了。

在吃到葡萄之前，先別急著說它是酸的；在遭遇挫折和失敗時，先別急著找藉口。

立刻改變「讓我再睡五分鐘」的回籠覺模式

年輕人大多有賴床的習慣，平時鬧鐘響起時，總會迷迷糊糊地按下鬧鐘，再「睡五分鐘」的回籠覺。如果是節假日，賴床的時間就更長了，甚至睡到「日上三竿」還不想起床……

或許有人認為，早上睡個回籠覺，可以讓自己更加清醒，也更有精力。美國《預防》雜誌卻發文指出：在鬧鐘響了幾次之後才起床的人，醒來後會更不清醒！

年輕人想睡回籠覺的原因無非有兩點：一是真的沒有睡夠，因為前一天加班熬夜或工作，導致睡眠時間不足，所以需要睡個回籠覺，補充睡眠；二是不想起床，哪怕晚上的睡眠時間充足，第二天早上仍舊遲遲不想起床。雖說回籠覺是睡眠的延續，按理說應該百利而無一害，但現實的情況是，很多人睡完回籠覺後，腦子都是昏沉沉的，精神還是很恍惚。

那麼，年輕人究竟應不應該睡回籠覺呢？

首先，我們應該知道，人的睡眠是有週期性的，而且每個人都有其生理時鐘，因此每天到了固定的時間，就會「自然」醒來。但這時候，大腦並沒有馬上處於正常的興奮狀態，而是由抑制狀態向興奮狀態過渡，此時大腦高級中樞會發出重新進入淺睡眠訊號 —— 如果人的意志不夠堅定，不能馬上起床，便會產生睡回籠覺的想法。

對經常加班工作、熬夜唸書或者有失眠症的人來說，睡回籠覺可以補充睡眠，更好地恢復精力。但是，對沒有以上症狀的人來說，睡回籠覺則有很多「副作用」。

1. 回籠覺會影響記憶力

睡回籠覺的時候，中樞神經會長時間處於興奮狀態，而其他活動神經會被抑制，從而讓人出現精神萎靡的現象，久而久之便會導致記憶力下降。

2. 回籠覺會引起內分泌紊亂

人體生理時鐘時刻在運轉，內分泌也按時釋放，而睡回籠覺會打亂人體生理時鐘，讓內分泌失調。

3. 回籠覺會影響心肺功能

第一次起床之後，人體的心肺功能就已經甦醒了，然後逐步進入加強狀態，這時候睡回籠覺，心肺也會受不了的。

4. 回籠覺會影響腸胃功能

愛睡回籠覺的人，寧可不吃飯也要繼續睡覺，這時胃部的食物早就消化完了，腸胃會因為飢餓而收縮，這時候睡回籠覺，自然腸胃會出問題。

一日之計在於晨，早上是大腦最為清醒、最活躍的時候，也是身體多項機能開始工作的時候，我們應該早早起床，去做一些有意義的事情，而不應該賴床、睡回籠覺。尤其對年輕人來說，更應該堅持早起，醒來後立刻起床，絕不拖延。

義大利著名的無線電工程師馬可尼（Guglielmo Marconi）曾經說過：「成功的祕訣就是要養成迅速行動的好習慣！」這也是哈佛學子的人生信條 —— 無論做什麼事情，立刻、現在、馬上就去做，唯有行動才能產生結果，也只有行動能留住時間，讓時間產生價值。

早上醒來後第一件要做的事情，不應該是賴床，或者睡回籠覺，而是

應該「馬上行動」，去讀書、去工作、去努力追逐夢想。正如曾經的哈佛學子、著名的文學家愛默生所說：「一心向著自己目標前進、行動起來的人，整個世界都會給他讓路。」年輕人想要改變「讓我再睡五分鐘」的回籠覺模式，需要堅韌持久的毅力，以及強大的行動，畢竟每個人的身體和精神都想「偷懶」。只有將「早起」變成一種習慣，才能克服身體和精神上的懶惰，將美好而高效率的晨間時光，投入到課業或工作中。

那麼，如何才能在醒來後，快速進入清醒狀態呢？以下幾點建議，可供參考：

一、 早上醒來後，眨一眨眼睛，等意識清醒後，伸展一下四肢，然後下床。

二、 用冷水洗漱，能夠幫助身體和大腦快速清醒起來。

三、 洗漱完畢後，享用一頓營養早餐，然後準備上學或上班，不給自己睡回籠覺的機會。

你為自己開綠燈，生活就會為你亮紅燈

哈佛大學圖書館的牆上有這樣一句訓言：「不要將今日之事拖延到明日。」

這便是哈佛學子所遵行的「今日事，今日畢」原則 —— 他們絕不會將今天應該做的事情拖延到明天，因為他們知道：昨天屬於過去，明天屬於未來，只有今天才屬於自己。

在現實生活中，很多人卻無法做到「今日事，今日畢」。因為懶惰而拖延的事情，發生在很多年輕人的身上 —— 早上不想起床，只想睡懶覺；起床後什麼也不想做，只想把事情推給別人、推給明天。「明天再早起吧！」這是很多人睡懶覺時給自己的「承諾」。

然而，到了明天，仍舊不想早起，仍舊能夠找出理由繼續睡懶覺，如此惡性循環下去。

對懶惰的人來說，「明天」確實是一個擁有豐富內涵的詞，它的外表如此華麗，隨時可以掛在嘴邊，隨時可以出現在各種場合。其實，我們每天都有每天的事情要做，而將一切今天可以做的事情延後到明天的行為，都可以稱為「拖延」。

只有「懶人」才希望等待明天，而無法將今天緊握在手中。

但是每一個人都存在著惰性，明明今天應該完成的事，因為惰性延遲到明天。可是到了明天，又會下意識地推到後天，依次往後推，最終離目標越來越遠。假如當時自己嚴格執行了讀書計畫，一切是不是會變得不一樣？究其原因，無非是人的惰性無法讓自己的目標達成。

很多人害怕「今日事，今日畢」，因為「立即行動」就意味著失去當下的「自由」。這會讓他們認為自己正在做的事是一種「強制性」的任務，所

以他們更喜歡「今日事，明日畢」，並且為自己找來千萬種理由：我真的太累了！工作任務太繁重！我不能因為工作而失去生活！反正這個任務不著急……這種喜歡給自己尋找理由的人隨處可見，他們習慣了這樣的逃避，並且依賴這種阿 Q 式的精神支柱。

英國作家山繆·詹森（Samuel Johnson）說過：「我們一直延遲我們知道最終無法逃避的事情，這樣的愚蠢行為是一個普遍的人性弱點，它或多或少都盤踞在每個人的心靈之中。」

那些總是在抱怨時間不夠用，或者付出的努力都變成瞎忙的人，都不懂得時間是成功的基礎，想要充分地利用好時間，就要學會立刻行動，絕不拖延。

哈佛大學圖書館的牆上還有這樣一句訓言：「當你覺得為時已晚的時候，恰恰是最早的時候！」對每個人來說，「立刻、現在、馬上」都是最好的開始，永遠不要覺得為時已晚，否則有些路你永遠也走不完！

你還記得經典名著《月亮和六便士》（*The Moon and Sixpence*）裡的男主人公查爾斯嗎？他在中年時有了自己的夢想，於是放棄了優越的工作和溫馨的家庭，獨自去遠方追求自己的繪畫夢想。這對很多人來說都是不可思議的，因為人到中年，安於現狀總比顛沛流離活得輕鬆。

還有摩西奶奶，她在 76 歲那年患上了關節炎，不能再做做了一輩子的刺繡女工，於是她開始學習畫畫。從零基礎到舉辦個人畫展，她只用了 4 年時間，直到她 101 歲去世，一共留下了 1,600 幅畫作。這樣的藝術產量是難以想像的，更讓人驚訝的是，摩西奶奶 76 歲開始學習畫畫時，幾乎沒有人相信她可以學好，她卻用實際行動證明了一切！

任何時刻都不會「為時已晚」，立刻、現在、馬上出發，你也可以創造奇蹟。

　　相反的，如果你總是拖延，什麼事情都想「明天再做」，那麼終將一事無成。因為你為自己開綠燈，生活就會為你亮紅燈。因為明日復明日，明日何其多。正如瑞士著名的教育學家裴斯泰洛齊（Johann Pestalozzi）所說：「如果今天的事情沒有做完，明天做得再好也是一種耽擱了。」

　　所以，年輕人應該像哈佛學子那樣，「今日事，今日畢」，說了早起就早起！

打破閉環，從完成一次「創新」做起

哈佛大學第 24 任校長普西（Nathan Pusey）曾說：「如何區別一流人才和三流人才，取決於他們是否具有創造力。」哈佛大學特別重視培養學生的創新能力，不僅開設了創新思考課程，還放棄「填鴨教育」模式，鼓勵學生自主學習、自主創新，就連許多課外活動都是以「創新」為主題。

2019 年 3 月 1 日，第二十二屆哈佛商學院全球商業創新大賽決賽在哈佛中心舉行。這也是最能夠代表哈佛創新精神的「課外比賽」。它由哈佛商學院主辦，從 1997 年設立以來，已經成功舉辦了二十多屆，是全球已知歷史最悠久的創新大賽。雖然比賽將創新的重點放在哈佛校友的創業上，但是其中所展現的創新精神，是跨領域、跨國籍的。

創新是哈佛大學最重視的特質之一。創新不僅能夠改變一個人的行為習慣，還能改變一個人的思考習慣。尤其當行為或思想陷入閉環之後，創新便成了最好的「解藥」。

我們知道，一個人的行為習慣一旦養成，就難以改變。比如一個人習慣了每天賴床，想讓他某天早起，就是一件很難的事情。如果想讓他養成早起的好習慣，就更加難上加難了。因為行為習慣已經讓他陷入了閉環中，想要打破這種閉環，就要從完成一次「創新」做起……

比如，你可以為自己制定一個「早起目標」。對那些很少早起的年輕人來說，能夠制定一個「早起目標」，就已經算是一種「創新」了。為增加儀式感，還可以設定一個鬧鐘。第二天，當鬧鐘響起的時候，就要馬上起床，絕不能拖延！

再比如，你也可以去結交一些有早起習慣的朋友，與一些志同道合的朋友建立一個「早起群組」，每天成功起床就在群組裡簽到，大家相互鼓

勵、相互督促……

此外，你可以每天早起定時發貼文，在大家的「關注」下堅持早起……

這些方法很多人都沒有嘗試過，算是行為上的「創新」。如果能夠堅持這樣去做，就能逐漸養成早起的習慣了。

當然，打破閉環，不僅僅展現在行為習慣上，更展現在思考習慣上。也就是說，某些慣性思維也必須被打破，這樣才能迎來真正的重生。因為，思想才是行為的根源。

當一個人的思考陷入閉環之後，行為就會受制於各種框架——這樣做不行，那樣做也不行；不能前進一步，也不能退後一步。只要自己做的事情，有悖於慣性思維，頭腦中就會有聲音跳出來說：你錯了！不行！不能這樣子！

現代社會不斷發展，所有的事物並不是靜止不動的，而是時刻發生著變化。想要在這個充滿機遇與風險的時代脫穎而出，就不能用陳舊的思想去理解和看待身邊的一切，而應該學會打破自己的慣性思維，運用創新發展的方法去解決問題。

創新是人類進步過程中最重要的一種思考模式。創意意味著突破常規，走尋常人不曾走過的路，因而需要極大的勇氣。哈佛大學鼓勵學生自我創新，不僅僅局限於課業，還包括生活中的各方面。

很多人會陷入到常規思考的死胡同中，因為在人類的普遍認知中，前人所實踐過的東西定然是經歷過反覆檢驗，屬於最基礎的知識。但是因為發展的局限和思考的局限，認知不可能完美，總是存在著缺陷，發現問題，並找到解決問題的途徑，就能產生新的思路。

創新必須在充分掌握和理解前人知識的前提下才能產生，如果沒有弄

清楚前人的總結，那麼就不可能有創新。無論在課業中，還是在工作中，創新思考將是一種難能可貴的財富。

　　年輕人更應該擁有創新思考，要勇於突破，跳出原有的圈子來思考。無論你想打破行為習慣的閉環還是思考習慣的閉環，都要從完成一次「創新」開始！

及時記錄：「習慣固化」策略的階段性進步

行為心理學研究顯示：如果一件事情能夠重複 21 天以上，就會形成一種習慣；如果一件事情重複 90 天以上，就會形成穩定的習慣，或者說是「習慣固化」。

「習慣固化」的具體過程大致可以分為三個階段：

☑ 第一階段：1 到 7 天。這個階段的你，很容易暴露出刻意、不自然的態度。記得堅持下去。努力克服內心的不適應感。

☑ 第二階段：7 到 21 天。從第二階段開始，你的行為開始變得刻意但自然了。這是一個很大的進步，雖然你會刻意地去努力做一些事情，但做起來很自然了。

☑ 第三階段：21 到 90 天。這個階段你會在不經意間、自然地去做這件事情，不再有「刻意為之」的感覺。因為此時你的習慣已經固化了。

在「習慣固化」的過程中，如何才能清晰地看到自己的階段性進步呢？

最好的方法便是及時記錄。把自己每一次進步、每一點成長、每一次成功都記錄下來。

我們知道，如果經濟上沒有紀錄，人們就容易掉入消費陷阱之中，讓自己遭遇經濟困境。在生活中，如果沒有紀錄，很多事情都會慢慢被遺忘，甚至變成一種虛無主義，最後人會變得越來越麻木；在學習中，如果沒有紀錄，知識點不容易被牢記，老師講的內容也會丟失不少；在工作中，如果沒有紀錄，上司無法掌握工作的進度，不能給出指令……

為什麼人們每走到一個地方，看到好看的風景就會拍照呢？為什麼人

們會寫日記、發 IG、拍影片呢？

　　其實都是為了做紀錄。因為有了紀錄，才能回顧，才知道問題所在，才能找到解決問題的方法；因為有了紀錄，才能將「習慣固化」策略的階段性進步全部記錄起來。

　　除此之外，及時記錄的好處有三點：

1. 減少時間判斷失誤

　　你在什麼時間做了什麼事情，你在什麼時間有了一點進步，什麼時間有了很大的進步；你每天幾點起床，起床花了多少時間，堅持了幾天……這些問題，如果沒有一個詳細的紀錄，人的大腦是很難記住的。而且，大多數人對時間的敏感度都很低，及時記錄可以減少對時間判斷的失誤，讓人們更「準確」地看到自己的進步。

2. 更好地回顧和回饋

　　你堅持早起了幾天？每天早起後都做了什麼事情？十天前你是怎麼想的？五天前你是怎麼想的……只有不斷進行總結，才能正確地認識自己，並且做出相應的回饋。

　　你可以每週總結一次，做好紀錄，然後每個月再總結一次，看看成果。總結和回饋的目的，是讓你思考自己的方向或者方法是否正確、是否需要改進。

3. 有助於自我激勵

　　哈佛大學的威廉·詹姆斯教授發現，一個沒有受過激勵的人，僅能發揮其能力的 20% 到 30%，而當他受到激勵時，其能力可發揮 80% 到 90%，即一個人在經過充分的激勵後，所發揮的作用相當於被激勵前的 3

到 4 倍。可見，自我激勵對於實現夢想是至關重要的，甚至可以說，人的一切行為都是受到激勵後產生的。透過不斷地激勵，我們能發揮出自己的內在潛能，然後促使自己朝夢想努力，最終登上成功的頂峰。

第6章

征途有終點，調動積極性時才能易如反掌

定義「我是誰」，開啟全新的進化之旅

哲學家說，我們窮盡一生要做好兩件事情：一是處理好自己與世界的關係；二是處理好自己與自己的關係。

一個人如果無法認識自己、了解自己，又如何調動自己的積極性，去生活、去工作、去學習呢？很多人都以為很了解自己，其實對自己一無所知，甚至不知道「我是誰」。

古希臘聖地德爾斐的阿波羅神廟入口處鐫刻著一句著名的箴言：「認識你自己！」

一位哲學家告訴自己的學生，無論是誰都必須明白三個問題：我是誰？我在哪裡？我要做什麼？雖然這三個問題很簡單，卻不容易回答。

在心理學上，認識自己又被稱為「自我知覺」，這是一個人了解自己、了解自己與外界關係的過程。心理學之父佛洛伊德在自己的著作《自我與本我》（*The Ego and the Id*）中說道：「一個人的精神世界主要由三大部分組成，它們分別是本我、自我和超我。」簡單來說，本我是指人類原始的欲望，自我是人類有意識的行為，而超我是約束人類行為的道德評判。

我們知道，一個人的行為會受到主觀意志的影響，也就是自己所做的事情都是由「我」做出來的，而不是別人。所以，每個人都必須認識和了解自己，以「自己」為出發點，去制定目標、實施計畫。畢竟，你的人生應該如何度過，最終的掌控權還是在你自己手中。認識自己的第一步是幫自己進行準確的角色定位 —— 我是誰？

每個人在家庭中、在學校裡、在社會中、在人際圈子裡都有屬於自己的特定角色，比如你是學生、班級幹部、職員、朋友、消費者等。有些人

能夠在各種角色間自由轉換，有些人卻無法在短時間內實現角色轉換。比如有些年輕人進入學校後，還當自己是家中的「小霸王」；還有些年輕人已經步入社會了，還當自己是學生……

在你的一生中，你必須面對和扮演各式各樣的角色，比如你可能是兩個孩子的爸爸、父親的兒子、妻子的丈夫，同時又是哥哥的弟弟、妹妹的哥哥等。

面對不同的對象，你必須把自己放進不同的角色中。比如，面對長輩你可能是恭敬的，但在晚輩面前，你又可能需要表現出身為長輩的威嚴。

假如你只會用一種既定的態度與行動去面對不同的社會角色的話，最後只會造成角色混亂不清，而你的人生也會隨之陷入一片混亂之中。而且，在不同的人生階段，這種角色效應會一直存在，當一個階段結束之後，你必須從自己所扮演的角色中抽離出來，再進入另一個角色。比如你讀書的時候是學生，工作後就是一名「社會人士」。

每一個角色都有其固定的社會衡量標準：當你能夠用這些衡量標準來觀察自己，同時將自己在每一時期中的具體表現進行對比時，你就會發現，自己在某一階段的表現如何、在某一角色中的表現如何。此外，你還必須了解另外一個事實，就是你會一直處於變化之中。

人的一生在不斷變化，所以你必須不斷地認清自己，不斷給自己新的定位。

為什麼有些人很難認清自己呢？主要原因就是他們對別人給予的正面評價通常採取接納的態度，而對別人給予的負面評價──包括意見、建議等，通常採取拒絕的態度。這樣一來，便只是看到自己的優點，而看不到自己的弱點，對於自己也沒有客觀的認知。

還有一類人恰恰相反，他們只看到自己的缺點，在自卑中無法自拔。

正因為如此，我們才要學會遵從自己的內心，客觀公正地認識自己，為自己找到出路。

2016 年，在哈佛大學的畢業典禮上，大導演史蒂芬·史匹柏（Steven Spielberg）發表了自己的演講，他說：「無論做什麼選擇，都要聽從內心、追隨直覺，沒有什麼比這更能定義每個人的角色。」他認為，不論你的父母或社會壓力怎麼安排你的未來，只有做自己真正在意的事情才有意義。

在演講中，史匹柏圍繞著「遵從內心」提出了幾個令人深省的問題：

一、 你清楚自己要什麼嗎？

二、 想一想：你為什麼要上大學？

三、 你是否找到了自己的定位？

四、 你是否傾聽你內心的聲音，定義你的角色？

五、 你有逃避現實和痛苦嗎？

六、 你是否珍惜家人和夥伴？

這些問題確實「直擊內心」，值得每一位年輕人思考。

當你真正知道「我是誰」的時候，便能走在自己的路上，做自己想做的事情，完成自己想完成的目標，實現屬於自己的夢想。這時候的你，將開啟全新的進化之旅 —— 所有的一切努力都是為你自己，而不是別人！

一封讓自己怦然心動的預言信

如果你是一位預言家，並且能夠預知自己的未來，你會為自己寫一封怎樣的預言信呢？

假設未來的你一定會成功，那麼在預言信中，你一定會用最輕鬆、最樂觀的筆觸告訴自己：「未來的你，一定會成功哦！」但是你又想了想：如果現在的自己知道了未來一定會成功，是否會放棄努力，只想「躺平」呢？所以，你在預言信中加了一句：「但前提是，你要努力！」

其實，哪怕你不是預言家，你仍舊可以「預知」未來，而且，這是每個人都具有的能力，那就是極度樂觀的精神，或者說是積極的心理暗示：你想成為怎樣的人，就能成為怎樣的人。

心理學上有一個著名的「皮格馬利翁效應」（Pygmalion effect）：

在古希臘的美麗傳說中，有一位叫做皮格馬利翁的雕刻家，他用象牙雕刻出一位清新典雅的美女，並且深深地愛上了她。皮格馬利翁每天對著雕刻的美女發呆，並且乞求天神能夠將她變成活生生的人。他對雕刻的美女的愛最終感動了愛神，愛神將雕刻的美女變成了真人，讓她和皮格馬利翁幸福地生活在一起了。

「皮格馬利翁效應」告訴我們一個簡單的道理，那就是「期待什麼就會得到什麼」，這也是心理「高度」所創造的奇蹟。只要一個人能夠充滿自信地期待著，那麼真正相信的事情就會順利進行；相反的，如果你認為自己期待的事情總會受到阻礙，那麼這些阻力就真的會產生。這個理論是由哈佛大學的心理學家羅森塔爾（Robert Rosenthal）提出的，他說：「皮格馬利翁效應也被稱為期望效應，它也是常識教育的基礎理論，只是它的價值沒有得到足夠認可罷了。」

有一句話叫做「自己才是生命的主宰」。這個世界上沒有人約束你成功，很多時候都是你自己畫地為牢。換句話說，你自己的人生是怎樣的情形，很多時候可以透過自我暗示來實現。如果你希望得到更多的快樂和幸福，如果你希望自己能夠逆轉敗局，那麼就多給自己一些積極的自我暗示，讓自己成為真正的「預言家」。

你知道什麼是心理暗示嗎？一位幽默學者這樣說道：「人就是一種奇怪的動物，總是喜歡自言自語，這樣的『談話』結果甚至會影響到自己日後的行為習慣，甚至成為自我人格的一部分，這便是自我暗示。」

一個人對自己的評價也是自我暗示的一部分。自我暗示又有積極和消極的區別，積極的自我暗示就是對自我的肯定，是看到自己身上的閃光點；而消極的自我暗示，會讓人對外界事物的認知形成某種心理慣性，容易偏聽誤信、自我設限。

有些人相信命運，認為成功都是「命中注定」的，於是漸漸地放棄了努力。可是，人的命運不是應該由自己來主宰嗎？沒有人「註定」失敗，或者「註定」成功，可是潛意識會把人的負面思考轉化為實質的對應事物，正如潛意識會遵循並且奉行正面或建設性的思考動力一樣。這也是很多人被「命運」影響的真正原因。

自信心的重要性要大於「命運」的安排，正如高爾基所說：「一個滿懷自信的人，無論生活在什麼地方，都能清楚地認識自己的意志和能力！」

如果你的心理正被多疑影響著，內心想法也是悲觀消極的，那麼請你想一想以色列總理戈爾達·梅爾（Golda Meir）說過的一句話：「相信你自己。你創造的自己能夠使你一生與快樂相伴，並煽動可能存在於內在微弱的小火花迸發成成就的火焰來充分發揮你自己的潛力。」

哈佛大學校長勞倫斯·巴科（Lawrence Bacow）在一次畢業典禮上說：「我是一個樂觀主義者，這是因為我在你們中間生活和工作，因為我看到

你們所做的事情，因為我知道你們有無限潛力。願我們在未來幾年互相啟迪靈感，願我們有實現期望的能力。」

這樣的樂觀精神也是哈佛大學想要傳達給學生、想要傳達給世界的思想！

「想做的事」與「能做的事」之間隔著什麼

年輕人有夢想是好事，但守著夢想無所作為，就不見得是好事了。當一群人談論自己的夢想時，總會有人站出來，向全世界宣告：我一定會實現自己的夢想，一定要努力賺錢，以後去環遊世界，開一家咖啡廳，建一座美麗的花園……

可時間一年年過去了，夢想仍舊只是夢想，而懷抱夢想的人一點進步也沒有。

這時候是不是應該反思一下呢？你「想做的事」與你「能做的事」之間還隔著什麼？

「想做的事」是你的目標、追求和夢想。無論「想做的事」是什麼，都代表了你未來的方向，都是你一步一步想要到達的地方。「想做的事」可以有很多，也可以天馬行空地想像，因為它們只是你「想做的事」——哪怕它們無法實現，但你要敢去想。

「能做的事」則是你能力範圍之內，可以真正做到的事情。每個人的能力都不一樣，同時每個人的能力又可以不斷地提高。今天你能賺到兩百元，這是你今天的能力；明天你可以賺到五百元，這是你明天的能力……那麼後天呢？大後天呢？很久以後的未來呢？

如果一個人「想做的事」太大，而「能做的事」太小，可能會被別人說成眼高手低，或者好高騖遠，但也可能會被別人說成志向遠大。無論「想做的事」有多大，它和「能做的事」之間都隔著一種叫「進步」的東西。

只有不斷提升自己的能力，不斷努力進取，才能將「想做的事」變成「能做的事」。

我們知道，在自然界中，人類與其他動物相比，似乎並沒有什麼優勢

可言。人類沒有大象那樣龐大的身軀，不能像獵豹一樣快速奔跑，不能像飛鳥一樣翱翔於天際，也不能像魚兒一樣暢遊大海……那麼，人類又是如何成為地球的統治者的呢？

這是因為人類擁有智慧，而智慧可以讓人類不斷超越自我，在超越中不斷進步，變得越來越強大。人的潛能也是在一次次超越自我的過程中，被激發出來的。所謂的成功也不是多麼深奧的大學問，僅僅是不斷超越上一次的表現，讓明天比今天更好而已！

2018 年 10 月 5 日，哈佛大學新任校長勞倫斯・巴科走上哈佛校園的演講臺，發表了自己的就職演講，而演講的主題為「就此啟航，追求卓越」。

勞倫斯・巴科說：「哈佛就是卓越的代名詞。我們所追求的卓越只有透過不懈追求才能實現。學術成就好似衝進黑暗的甬道，我們不斷接受失望，並再次出發。這無疑是混亂和費力的。我們喜歡慶祝『尤里卡』的時刻（即靈感突現的時刻），而這些瞬間誕生於長年累月的早出晚歸之後。」

勞倫斯・巴科校長所提出的教育理念，不僅得到了廣泛認同與遵行，還引領了高等教育發展的潮流。「追求卓越，不斷進步」也成為當今教育界最為推崇的理念！

無論你的夢想有多麼遠大，想要實現它都不是一朝一夕的事情，而需要長時間地堅持與不斷超越自我的決心。正如勞倫斯・巴科校長所說：「我們所追求的卓越只有透過不懈追求才能實現。」

同樣地，只有「追求卓越，不斷進步」，才能讓「想做的事」變成「能做的事」！

讓所有目標都遵從 SMART 管理原則

如果一個人沒有自己的目標，人生會變成什麼樣呢？

沒有目標的人，像廣袤沙漠裡的獨步者，不知道綠洲在哪裡；

沒有目標的人，就像茫茫大海中的一葉小舟，隨著海浪無目的地漂流。

無論一個人身在何處、能力是高是低、過去如何輝煌，現在都必須有一個目標。有了目標，才清楚接下來的路應該怎麼走，接下來的事情應該怎麼做，行為才有方向。

對學生來說，擁有清楚的學習目標，能力才能獲得真正的提升。因為目標就是學習的方向，就是不斷進步的原動力；對工作中的人來說，目標就是催促自己每天早起的「鬧鐘」；對迷茫的人來說，目標就是人生的航向，只有認準方向，才能持久地走下去。

目標會讓你獲得強大的精神力量，它會讓你更加清楚自己想要什麼。人生需要樹立積極的目標，它將會產生巨大的激勵作用。然而，目標所產生的作用不僅僅如此，它幫助無數成功人士獲得成功，在生命中創造出無限的可能。

什麼是目標呢？目標就是對活動預期結果的主觀設想，是在大腦中形成的一種主觀意識形態，也是活動的預期目的，為活動指明方向。通常人們會將目標分為三類：

一、 長期目標：人要有長遠的目標、長遠的追求，更要有偉大的夢想；

二、 中期目標：有著轉折的作用，或者說跳板的作用，為了實現夢想而必須達到的目標；

三、 短期目標：近期要完成的任務，比如在未來幾週或是幾天內所要

實現的目標。

三種目標所起的作用各不相同，所以在制定目標時一定要清楚自己的真實情況，如果想要在短期內達成長期的目標，那一定是不現實的。任何一個長期目標的實現必然是無數個中期目標堆積起來的，而每一個中期目標的實現又是無數個短期目標所累積的，只有實現了無數個短期目標，才會實現長遠的目標。

只要每天進步一點點，久而久之，就會有巨大的進步。

無論你的目標有多麼長遠，都不可能一步到位，你必須為自己制定無數的中期目標以及短期目標，並且從短期目標入手，然後腳踏實地、一個一個去實現它們。只有這樣，你才能夠一步一步、一點一點地接近最終的長遠目標。

而且，無論是長期目標、中期目標、短期目標，都必須符合 SMART 原則。

SMART 原則又稱目標管理原則，它是一種能夠幫助管理者對員工進行績效考核的方法，同時也是一種能夠幫助員工更加高效率工作的方法。它不僅為管理者提供了一個明確的考核標準，也為員工提供了一個明確目標的標準。那麼，SMART 原則包括哪些內容呢？

S 代表具體（Specific）：目標的內容要具體

目標的制定不能抽象，它必須有明確的細節。例如我要養成每天讀書的好習慣，這個目標就是抽象而不具體的。我每天早上六點半起來閱讀一個小時，這樣設定目標就具體了。

M 代表可衡量（Measurable）：目標是可以進行衡量的

目標究竟有沒有實現，可以從完成的時間、數量、品質等幾個方面進

行衡量，得以快速檢測目標的完成效果。比如閱讀，每天早上讀一章內容，然後整理成筆記。

A 代表可實現（Attainable）：目標應該是可以達到的

目標不能太簡單，也不能太難，太簡單沒有挑戰性，實施起來沒有任何意義。太難完成目標，積極性會受打擊，難以堅持下去。所以目標應該是可以完成的，最好有具體的執行計畫，然後立即行動起來。

R 代表相關性（Relevant）：目標應該與志向相關

你的興趣在哪裡，有怎樣的志向，會幫助你建立正確的目標、擁有正確的方向。如果目標與志向無關，那麼目標會帶你走向另外一個領域，那樣你的未來就是失敗的。

T 代表有時限（Time-bound）：目標應該有截止日期

完成目標時所需要的時間會形成一種緊張感，更有促進目標達成的作用。長期目標的實現和短期目標的實現所需要的時間是不同的，短期目標是需要馬上實現的，而長期目標則是人生格局的改變，需要更多的時間和精力來實現。

總之，只有讓所有目標都符合 SMART 原則，才能不偏不倚、穩步前行。同時也要明白，任何一種成功都是點滴累積的結果，目標達成也是如此。無論多麼宏大長遠的目標，都是眼前一個又一個小目標累積而成的，所以應該從小目標開始，然後將小目標不斷地匯集成大目標。只有不斷實現短期目標，最終才能達成長期目標。

剝洋蔥法和樹狀圖法可以幫你細化目標

如果你的目標過於遠大，會讓你感到迷茫、不知如何下手……這時要學會細分目標，化大為小、將難化易，從「小」入手，這樣就知道如何採取行動了。

自然界中有一種十分常見的現象，那就是「螞蟻搬家」。在「搬家」過程中，小螞蟻們遇到了一個巨大的難題 —— 自己的身形微小，而「家當」又十分巨大，要如何解決這個問題呢？如果我們仔細觀察，就會看到一隻隻小螞蟻聚集在一起，將家裡的東西一點點搬走。這是一個將所有「家當」細化的過程，在心理學上稱為「拆解思考」。

什麼是拆解思考呢？簡單來說，拆解思考就是一種「化大為小」、「化整為零」的思考方法，它需要將大的目標細分為小的目標，然後逐一攻破。

從表面上看，拆解思考犧牲了一些整體性，但事實上卻保全了實質。很多年以前，印度的某些獵人在森林中遊蕩，希望可以捕獲幾隻野生的猴子。

顯然，這是一件很難完成的事情，因為猴子太聰明了，總能夠將獵人的陷阱識破。為此，獵人專門針對猴子的特點與習慣想出一個絕妙的辦法。

他們找來一個大箱子，箱子上面有一個洞，這個洞正好可以容得下猴子的一隻手。然後，他們又將一些又大又香的蘋果放進箱子裡 —— 蘋果的大小一定要超過箱子上的那個洞。

做好這一切之後，獵人將箱子放進森林裡，只管守株待「猴」了。猴子的嗅覺十分靈敏，當牠們聞到蘋果的香味時，會立刻跳下樹枝，小心翼

翼地取食。牠們沒辦法打開箱子，便試探著將手伸進洞裡去摸。由於拿到手的蘋果過於「巨大」，所以猴子的手就會被卡住。貪心的猴子不願意放開手扔掉蘋果，就只能被卡在箱子上，最後被獵人抓住了。

其他猴子看著這一幕，心裡似乎在盤算著對策。

第二天，獵人又設置了同樣的陷阱，貪吃的猴子也「如約而至」。

不過，猴子明顯學聰明了，牠們吸取了之前同伴被抓的教訓，悄悄地靠近箱子，將手伸進洞裡，然後用鋒利的指尖將蘋果捏成碎塊，然後一塊一塊地從箱子裡取出蘋果，一邊取一邊吃……

當獵人迅速衝過來時，猴子仍然能夠及時逃跑。

這些聰明的猴子能夠吃到蘋果而不被獵人抓住，也是運用了拆解思考。

有的目標過於「巨大」，導致我們迷茫彷徨、無從下手，這時候就要學會運用拆解思考，將「巨大」的目標細化，讓它變成若干個小的目標，一切就變得容易了。

哈佛教授也時常提醒學生們，做事情要腳踏實地，不要總盯著長遠目標，而不知道將目標細化。在細化目標的過程中，有兩種方法最為簡單實用，一是剝洋蔥法，二是樹狀圖法。

1. 剝洋蔥法

剝洋蔥法就是像在廚房裡剝洋蔥一樣，將大的目標細分為無數個小的目標，然後再將無數個小的目標細分為更小的目標，一直細分下去……直到你現在應該去做的事情。

舉一個簡單的例子：如果你設定的大目標是「寫完一本書」。對沒有寫作經驗的人來說，這個目標無疑過大，如果不知如何下手，那麼就可以

利用剝洋蔥法逐步細分目標 —— 你想出哪方面的書？需要找哪些資料？根據資料寫一個怎樣的大綱？根據大綱補全具體目錄，然後根據目錄開始撰寫一個小節，再根據小節標題查找相關資料……

　　如此一點點細化目標，就像剝洋蔥一樣，看似很複雜的問題，也能輕鬆解決了。

2. 樹狀圖法

　　顧名思義，樹狀圖法就是建立一棵擁有多個樹枝的大樹，其中樹的主幹代表最大的目標，每一根小樹枝代表小目標，小樹枝上的葉子代表現在應該去做的事情。具體實行方法如下：

　1) 先畫出樹的主幹，在主幹上寫出一個大目標。
　2) 然後思考，實現這個大目標的條件是什麼？
　3) 將這些條件轉化為次級目標，把每個次級目標填到一個樹枝中。
　4) 再思考，實現每個次級目標的條件是什麼？
　5) 將這些條件轉化為最小的目標，分別填到一片「樹葉」中。

　　經過這樣一個拆解過程，從主幹上的大目標到每一片樹葉上的小目標，應該做什麼、應該怎麼做，都一目了然了。

　　很多年輕人都擁有遠大的目標，但遠大的目標是否能夠實現，不僅僅取決於一個人的努力程度，更重要的是看這個人是否知道如何細化大目標，是否能夠列出詳細的、可執行的具體方案。

　　偉大的羅馬帝國不是一朝一夕建成的！面對長遠的目標，要有耐心，要從細小處著手，一步步做下去，一點點做起來，等細化的目標都完成之後，你會愕然發現，前方的道路竟然如此清晰，遠大的目標也在眼前了……

持續獲得成功的關鍵 —— 能夠被立刻實現的微目標

在哈佛的文化理念中，人生起伏而漫長，誰也不可能一步跨向成功！追求成功的過程，就像在建造一座人生金字塔 —— 塔頂是你的終極目標，塔身是一些中期目標，塔底是短期目標。而當你一步步走向人生金字塔時，你的腳下還有一些微目標。

微目標是指那些能夠立刻實現、立刻完成的事情，它比小目標更加容易實現，比如一些簡單的讀書計畫、一些小的工作任務等。

微目標，只要你行動，就可以輕而易舉地完成，不需要過度消耗你的思考力和意志力。

《禮記》中說：「修身、齊家、治國、平天下。」目標也是從微到小、從小到大，順序鮮明，不可顛倒的。為什麼能夠立刻實現的微目標，是持續獲得成功的關鍵呢？

首先，微目標可以立刻實現，會帶給人們動力。

無論我們做什麼事情，都需要一定的動力，都要說服自己的大腦「行動起來」。

通常，大腦的自我防禦機制會自動排除、拒絕一些難以完成、需要耗費大量時間和精力的事情。因此想讓大腦「行動起來」，就必須讓大腦知道「這件事情可以去做、很容易做到」。

宏大的目標因為太過模糊，沒有具體的行動計畫，只會讓人望而卻步，雖然有時想要制定計畫，但由於目標太過於宏大，也會產生一種不知從哪裡開始入手的迷茫感和無力感。一旦有了這樣的感覺，拖延也就隨之而來了。

　　微目標卻是微小的、可以馬上實現的，哪怕有一點難度，也是可以克服的，是自己能力可掌控的，是能夠按照自己制定的目標實現的。這樣一來，大腦自然會「積極」起來，動力也就由此而來了。

　　其次，微目標實現之後，可以得到快速「回饋」。

　　在追求目標的過程中，失敗是在所難免的。很多時候，你明明胸有成竹、信心滿滿，最後卻功虧一簣了。於是，你開始懷疑自己的能力，並且飽受失敗之苦，甚至一蹶不振。

　　微目標的好處就是，哪怕你失敗了，也可以得到快速「回饋」。這種「回饋」可以幫助你快速尋求解決方案，及時止損，對於能力的提升也至關重要。

　　美國佛羅里達州立大學心理學教授安德斯·艾瑞克森（Anders Ericsson）說：「最能讓人成長的好目標，是『有明確標準、短期內就能知道成敗的目標』。」從本質上來說，這也是一種微目標。

　　由於目標小，成敗的回饋都來得很快，甚至能夠做到「一個行動一個回饋」。那些頂級運動員在訓練時，教練都會針對他們身上出現的問題，立即給出「做得好」或「需改正」的回饋。我們在追求目標的過程中也應該如此 ── 透過微目標得到快速「回饋」，透過「回饋」不斷修正自己、不斷提升自己。這樣才不至於埋頭趕路，而走錯了人生方向，偏離了人生目標。最後，每實現一個微目標，都會帶來一點成就感。

　　一個能夠被立刻實現的微目標，很容易帶給人們成就感，而成就感是持續獲得成功的關鍵。從心理學的角度來說，成就感是一種積極的情緒體驗，是年輕人實現自我價值並且獲得認可的一種「獎勵」。黑格爾在他的《美學》一書的序論中舉了一個耐人尋味的例子：「有一個小男孩將一塊石頭扔進了河水，當他以驚奇的目光去觀看河水中蕩出的漣漪時，他覺得那是一個作品。在這個作品中，他看出了他行動的結果。」

　　黑格爾所說的「他看出了他行動的結果」，其實就是一種成就感。換句話說，成就感就是年輕人在實現了微目標之後所產生的滿足感。正如孩子成功完成了任務，獲得了鼓勵或表揚一樣，他們會不斷加強這種感受，從而獲得繼續努力的動力。

　　一位哈佛大學教授曾說：「當我們評估要做什麼時，我們只能許諾能做到的事，但在制定目標時，要有高遠的理想。」的確，每個人都應該有長遠的目標、偉大的夢想，但要實現它們，要腳踏實地，從微目標做起，穩紮穩打，一步步建造人生的金字塔！

PDCA 循環工作法：行動力的自我拯救方案

　　哈佛商學院特邀講師吉姆·蘭德爾（Jim Randel）說：「行動力，是拉開人與人之間差距的關鍵所在。」

　　吉姆·蘭德爾不僅是哈佛的特邀講師，還是美國前總統柯林頓夫婦的私人顧問，同時也是微軟、英特爾等全球五百強企業特別僱用的高效率行動培訓師……

　　這些「頭銜」落在吉姆·蘭德爾一個人身上，足以讓他的名字閃閃發光。有人問吉姆·蘭德爾成功的祕訣是什麼，他的回答只有三個字：行動力！

　　吉姆·蘭德爾曾經耗費一年的時間，親自打造了一門能讓普通人高效率的提升行動力的課程 —— 極簡行動力訓練課。課程一經推出，迅速受到年輕人的追捧，自然也受到了哈佛學子的追捧。在這門課程中，吉姆·蘭德爾歸納總結了眾多美國名人、運動員都在用的行動方法論，幫助無數年輕人擺脫了「懶癌」、拖延症、讀書和工作效率低下的困擾。

　　如今，行動力早已變成全世界成功人士都在踐行的生活理念。

　　哈佛大學同樣很重視培養學生的行動力，但並不是讓學生聽風就是雨，沒有經過思考就快速反應，盲目地行動。真正高效、有價值的行動力，不僅要有快速的反應能力，還應該做到有計畫、有執行、有結果、有回應。換句話來說，就是「帶著腦子做事」 —— 除了行動之前思考全面，還應該有一套做事的邏輯。

　　那些行動力超強的人，他們都有一套屬於自己的「行動方案」，而備受年輕人推崇的肯定是 PDCA 循環工作法。

　　PDCA 循環工作法還有一個名字叫「戴明環」，它最初是由美國品質

管制專家休哈特（Walter A. Shewhart）博士提出來的，後來被世界品質管制的先驅者愛德華茲·戴明（Edwards Deming）採納，並且大力宣傳，才得到普及。PDCA 循環工作法中的四個字母分別對應了計劃、執行、檢查和改進。

1. P（Plan）計劃

可以根據手中的任務提出問題，根據提出的問題分析原因，根據分析出的原因找到主要原因，再根據主要原因制定解決計畫，最後根據計畫列出具體的實施步驟。

2. D（Do）執行

執行具體的實施步驟，其中必須包含 who（誰）、what（是什麼）、when（時間）的關鍵項目。

3. C（Check）檢查

檢查執行進度以及執行結果。結果只有兩種 —— 完成或者放棄（沒做）；但一定要確認哪裡做錯了、哪裡做對了。

4. A（Action）改進

指的是解決出現的問題 —— 如果是成功的經驗，則將其當作標準；如果失敗了，則總結教訓，並注意改進。對於那些沒有解決或者新出現的問題，轉入下一個 PDCA 中。

以上四個步驟並不是運行一次就結束了，而是不斷重複進行，一個循環做完了，解決了一些問題，沒有解決和新出現的問題又進入下一個循環中。

在工作中，透過 PDCA 循環工作法可以及時將工作結果匯報給上司，方便上司及時回饋，並且快速做出判斷。如果存在某些問題，也能夠及早發現問題，制定出解決方案。當然，PDCA 循環工作法也可以用來提高個人的行動力。透過 PDCA 循環工作法，能夠一目了然地看到自己執行任務的具體情況。無論成功，還是失敗，都能夠及時做出反應。

《哈佛商業評論》專欄作家吉恩·海頓（Gene C. Hayden）在《別再「可是」了！》（*The Follow-Through Factor*）一書中寫道：「執行力是為了實現個人理想和個人目標時，你與自己達成的一種內心約定。這種約定是一種堅定不移的自我承諾，為了實現它，你願意付出任何代價。」

當我們缺乏行動力的時候，要學會利用 PDCA 循環工作法進行「自救」。試想一下：如果蘋果砸在牛頓頭上的時候，他沒有進行深度思考，又如何發現萬有引力呢？如果愛迪生沒有進行千百次的實驗，如何能夠成為最偉大的發明家？

真正的行動力，有計畫、有執行、有檢查、有改進，有思考、有行動、能堅持、肯改進，無畏無懼。

復盤思考：無意義的失敗與有意義的失敗

　　圍棋對弈中經常會聽到「復盤」兩個字。那麼，「復盤」到底是什麼意思呢？

　　復盤是指對弈者下完一盤棋後，重新在棋盤上將整個對弈過程「重現」，以檢討對弈過程中雙方的失誤以及精妙之處。簡單來說，就是回顧棋局，從反思中學習。

　　《有效管理的五大兵法》的一書說：「學習有三種方式，第一種是向前人學，學習前人總結的理論和經驗教訓；第二種是向先進人物學，學習他們之所以成功的原因；第三種，也是最重要的學習方式，就是透過復盤向自己學 —— 大事大復盤，小事小復盤，隨時隨地做復盤。」這裡所說的「復盤」也是不斷反思、不斷總結經驗、不斷進步的意思。

　　復盤思考最大的作用，就是幫助人們「回顧」失敗的過程，從失敗的經歷中總結經驗，找到避免失敗的方法，讓「無意義的失敗」變成「有意義的失敗」。無論做什麼事情，有成功，就會有失敗。不過，人們又會賦予失敗不同的意義。

　　「無意義的失敗」是指經歷失敗後，沒有反思、沒有總結經驗、沒有尋求更好的解決方法，而只是一味沉溺在失敗的痛苦中，甚至被失敗定格，變得一蹶不振。

　　「有意義的失敗」是指失敗後，懂得復盤思考，能夠找到失敗的原因，能夠從失敗中學到教訓和經驗，能夠避免同樣的失敗，或者能夠想出更好的解決方法……雖然這一次失敗了，但仍舊是有「收穫」的，而且透過復盤思考，自己能夠得到提升與進步。

　　有一年哈佛大學的畢業典禮上，《哈利波特》的作者羅琳前來演講。

　　羅琳對所有的哈佛學子說：「你們都還很年輕，還沒有真正地踏入社會，也沒經歷過什麼失敗，甚至於你們眼中的失敗，在普通人看來已經算是成功了。但我想告訴你們的是，失敗會有一些意想不到的好處，只要你能夠在失敗中站起來，就還有反攻的機會。」

　　羅琳告訴哈佛學子，她的父母從來沒有上過學，家庭也很貧困，年輕的時候她只想找一份穩定的工作，能夠慢慢還掉房子的貸款，將來老了能夠領到退休金就行了。但是她在上大學的時候，完全沒有了讀書的動力，每天喜歡做的事情就是趴在學校的圖書館裡寫故事。

　　大學畢業後的七年裡，羅琳經歷了一次又一次的失敗。她不僅結束了自己短暫的婚姻，還失業在家，變成了一個窮困潦倒的女人。不過，這些失敗並沒有將她打倒。

　　在失敗中，羅琳站了起來，又重新做回了自己，開始將自己的所有精力，都用在小說創作中。如果之前她做什麼事情都成功了，那麼她恐怕永遠無法安心地進行寫作了。

　　羅琳告訴臺下的哈佛學生：「你們肯定沒有經歷過我以前那樣的失敗，如果你們不幸失敗了，請記得像我一樣重新站起來，只要信念還是堅韌的，就有機會將失敗轉變為成功。」

　　羅琳的演講感動了無數哈佛學子，也讓他們對「失敗」產生了全新的認知 —— 失敗對有些人來說，是一種劫難；對有些人來說，卻是一筆財富。世界上有哪一位成功者，沒有過失敗的經歷呢？只不過，有些人在失敗中一次次站起來，越挫越勇；有些人卻被失敗打擊，變得越來越意志消沉。

　　世界富豪洛克斐勒和他的生意夥伴在創業之初，也遇到了一次巨大的失敗。

　　當時他們一起經營大豆生意，並與黃豆供應商簽訂了一份合約，買回一大批黃豆，準備賺上一大筆錢。

　　可是讓他們措手不及的是，黃豆剛到他們手裡沒多久，就因為霜凍而損毀了一大半，而且還有一些不講信用的供應商在黃豆裡摻雜了沙土和豆稓等。那次生意就那樣失敗了。

　　不過，洛克斐勒並沒有因為這次失敗而感到灰心絕望，也沒有被失敗打倒而始終沉溺在痛苦之中。他再次向自己的父親借錢，然後吸取了上一次失敗的教訓，最終在引進外地農產品的生意中收益頗豐。

　　洛克斐勒並沒有受到「黃豆事件」的影響，而是透過不怕失敗的精神，獲得了事業上的成功。之後，他的事業也越做越大，偶爾也會經歷失敗，不過這些失敗都不影響他不斷地進步。

　　在一次記者會上，洛克斐勒十分認真地說道：「對於一個要去創業的青少年來說，他往往缺少營運的資本。在這樣的情況下，如果他再恐懼失敗，那麼就會像蝸牛般緩慢行進，甚至半途而廢，而永無出人頭地之時。」

　　失敗並不是一件可怕的事情，真正可怕的是失敗過後便一蹶不振，一直沉溺在失敗的陰影中無法自拔。一個人跌倒了可以再爬起來繼續走下去，就算失敗，也並不代表自己比別人差，更不意味著自己的人生已經無可救藥了。

　　相反的，透過復盤思考，失敗也可以變成一種財富。

第 7 章

時間管理，有助於個體崛起時代
的快速增值

Training
Basic Logic

定義「我的時間」，從源頭上減少行為阻力

很多年輕人沒有時間觀念、不懂得時間管理，可能與從小接受的教育有關。很少有學校會將「時間管理」作為專門的課程講給學生聽，這是導致了年輕人時間觀念薄弱的一個重要原因。

當你走進哈佛大學，就會發現每位哈佛學子都對「時間管理」有著深刻的認識。因為在他們進入哈佛的第一學年，就會在老師的引導下設計一張「忙碌的時間表」，以此來鍛鍊他們的時間管理能力和抗壓能力。

在哈佛大學讀了幾年之後，學生的「時間管理」能力會變得更強，每天好像有四十八小時一樣：不僅每週要上七十到八十小時的課，還有時間研讀案例、參加各種討論小組以及各種社交活動。為什麼哈佛學子在「時間管理」上可以做得如此出眾呢？

首先是學風問題。哈佛大學很重視培養學生的「時間管理」能力，因此從入學到畢業，他們都不會有半點鬆懈；其次是哈佛大學設有專門的「時間管理」課程。有專業的教授講解「時間管理」的重要性以及「時間管理」的各種方法；最後就是人文環境的影響。如果你對哈佛出身的名人有所了解，一定會發現他們在對待時間的態度上有著驚人的相似之處，除了格外珍惜時間，他們更懂得進行時間管理。除了名人，哪怕是最普通的哈佛學子，也有同樣的時間觀念。

在哈佛的「時間管理」課程上，教授通常會提出以下兩個問題：

問題一：什麼是時間？

從古至今，人類一直在尋找這個問題的答案。

在古希臘，時間的定義問題讓哲學家和數學家絞盡了腦汁，卻始終沒有得到固定的答案。在伽利略的偉大發現之後，英國物理學家牛頓站出來

說：「時間是一個被神祕氣息所覆蓋著的客體，因為時間獨立於任何物體，在一切之上，是絕對的。」

現代物理學將時間定義為人類用以描述物質運動過程或事件發生過程的一個參數，是物質的運動、變化的持續性、順序性的表現。雖然我們可以在日常生活中度量時間，甚至可以把「時間」戴在手腕上或者掛在牆壁上，但是對抽象的時間概念仍舊很模糊。

在不斷向前的時間長河裡，每個人一生所擁有的時間都是有限的，區別在於有些人虛度了光陰、浪費了時間；有些人卻懂得珍惜時間，在有限的時間裡做更多的有意義的事情，讓每一分、每一秒的時間都更有價值。

為什麼有些人總是時間充裕，而有些人總是感覺時間不夠用呢？因為人們的時間觀念不同，時間管理的能力也不一樣。只有管理好自己的時間，才是真正地擁有時間。

問題二：什麼是「我的時間」？

時間對每個人來說都是一樣的，但每個人對時間的管理與運用不一樣。

所謂「我的時間」，則是指「我能夠有效管理和利用的時間」。如果時間毫無意義地流逝，在「我」身上沒有產生任何價值，那這些時間還算得上「我的時間」嗎？

諾貝爾文學獎獲得者川端康成說過：「荒廢時間就等於荒廢生命。」魯迅也曾說過：「浪費自己的時間等於慢性自殺，浪費別人的時間等於謀財害命。」

然而，現實中人們對時間的管理情況很不樂觀。很多人往往一邊在感嘆人生苦短，一邊又在浪費自己的生命 —— 美好的童年轉瞬即逝，青春歲月說沒就沒，還沒有接受自己已經步入中年的事實，白髮又悄悄地生長

了出來。或許只有到臨死前的那一刻，才能真正體會到時間的意義。為了不荒廢時間、不浪費生命，每個人都應該成為時間的主人。只有學會時間管理、合理地安排好時間、高效率地利用時間，才能成為時間的主人，擁有更多「我的時間」。

只有這樣，才不會隨意浪費時間，才能從源頭上減少行為阻力。因為人人都知道「一寸光陰一寸金，寸金難買寸光陰」的道理。有誰願意浪費自己的時間呢？

心智圖：對日程進行整體掌握

即使是同一所學校、同一個班級、同一位老師授課，學生的成績也有高低之分。有的學生思考縝密，懂得舉一反三，在學習過程中善於歸納和總結，成績自然不錯；有的學生思考僵化，同一道題反覆出錯，哪怕是認真聽講了，最後學到的東西也不多。

如果排除智力因素，這兩種學生的不同之處，可能僅僅在於讀書方法和思考方式的不同。

有一種讀書方法，或者說思考工具，備受哈佛教授與哈佛學子的推薦。它可以將枯燥的資訊轉化為容易理解的圖畫，幫助學生快速理清各種邏輯關係；它可以幫助學生建構知識框架，提升學生的思考能力以及讀書效率；它還可以幫助學生做好時間管理，對日程進行整體掌握……可能很多人已經猜到了，它就是「心智圖」（mind map）。

心智圖的創始人名叫東尼‧博贊（Tony Buzan），由於他創建了心智圖而被遴選為國際心理學家委員會的會員，同時他成為英國大腦基金會的總裁，並且創辦了「世界記憶冠軍協會」，專門為那些有學習障礙的人服務。

自從心智圖誕生之後，在商業、教育以及個人學習等領域都有著十分廣泛的運用。它能夠將我們思考發散的過程形象地表達出來。

我們知道，大腦最自然的思考方式就是放射性思考，那些進入大腦的資訊，包括文字、數字、味道、色彩、音樂、感覺、意象等，都可以作為思考的中心點，由此中心點向外發散出成千上萬的關節點，而每一個關節點又可以變成另一個中心點，再向外無限發散……

這些點就像我們大腦中的神經元一樣相互連接，形成一個「有跡可尋」的緊密關係網路。

　　心智圖的作用就是透過圖文並茂的方式，從思考的中心點開始記錄，將大腦擴散思考的過程以圖像和文字的方式記錄下來，並且把各個中心點及關節點的隸屬關係清楚地表現出來，從而幫助我們建立記憶連結。心智圖能夠讓左右腦的機能得到充分運用，幫助我們找到邏輯與想像、科學與藝術之間的平衡點，並且激發大腦的無限潛能！

　　由於心智圖側重「自由聯想」和「圖像記憶」，而不是「結構性思考」和「理解性記憶」，所以它更有助於抽象思考能力較差的學生更好地學習──透過「圖像記憶」能夠讓這類學生更好地記住知識點，卻不能讓學生對知識產生較深的理解，算是一種淺層學習法。

　　而且，「自由聯想」對思考沒有太多限制，適合用在「腦力激盪」式的創意活動中，就個人而言，心智圖的運用範圍還是十分廣泛的。

　　那麼，我們應該如何運用心智圖做好時間管理呢？

　　用心智圖來做時間管理，簡言之就是四步驟：收集、整理、執行、總結。有序合理地利用心智圖的方式做時間管理，那樣我們的任務就會更有序地完成，可以避免我們不知道從哪裡開頭或者毫無計畫地行事。

1. 收集

　　在時間管理之前首先要搞清楚我們有哪些工作待辦，這樣才能合理安排時間。如果採用和平時的列清單一樣的方法，容易讓我們忽略某些事，就會出現做著做著察覺另一件事還沒來得及做的情況。

　　但如果是利用心智圖，用它來收集我們的待辦工作，需要去完成的任務就會一目了然。首先，我們先視情況進行版塊分類，例如工作、讀書、娛樂、聯誼等。接下來，就是將各個版塊會涉及的事列舉出來。這樣做的話，有利於我們在列任務時能夠想到更多，一個版塊一個版塊地歸納，有利於我們列舉任務的完整度。

2. 歸納

歸納這一步又可以分成兩步：

第一步，給每一個任務規定一個時間，確定要在什麼時候完成它。有時候事情可能會有一些變故，這時也需要我們重新整理一下任務，重新確定截止時間。

第二步，給這些專案安排好優先順序，區分好哪些是重要、哪些是緊急的，可以用幾種顏色去標記，將急須完成的事項提前整理出來。

完成了這兩步，需要完成的任務就變得清楚明瞭了。

3. 執行

前面的準備工作都是為了讓這一步執行更加順利，更加得心應手。在執行過程中，哪些是完成的，哪些是沒有完成的，都需要標記出來，沒有完成的是什麼原因，個人還是外界因素導致，又有什麼解決方案⋯⋯

這樣有序地完成任務，才能讓我們的工作事半功倍。

4. 總結

經驗在於累積，熟能生巧。最後一步就是讓我們去總結經驗，對於那些完成了或者過了截止時間還沒有完成的任務，我們能從中獲得什麼？完成了的任務，我們是否有什麼方法能夠在下次做得更快，某些細節能否做得更好⋯⋯過了截止時間還沒有完成的任務，是因為什麼原因導致任務沒有完成，是否與自己的能力有關，應該怎麼改正⋯⋯

這一系列的總結，都將在下一次幫助我們更快、更高效地處理問題。以上四點就是用心智圖來做時間管理的一個具體步驟，這樣有條理地做每一件事，就不會覺得馬上就要驗收成果了但還有一堆工作要做。

帕雷托法則：用 20% 的時間做 80% 的事情

管理學上有一個著名的「二八法則」，它也是世界上公認的時間管理法則。1897 年，義大利經濟學家維爾弗雷多·帕雷托（Vilfredo Pareto）注意到十九世紀英國人的財富收益模式，在調查取樣中他發現英國大部分的財富都流向了少數人手中。同時，帕雷托還發現了一個十分重要的現象，即一個族群占總人口數的百分比和他們所享有的總收入之間存在一種微妙的關係，而這微妙的關係存在於不同的時期以及不同的國家。無論是早期的英國，或者是其他國家，都能夠從資料中發現這種微妙關係的存在，而且在數學上呈現出一種穩定的關係。

後來，帕雷托又進行了大量的調查，他再次指出社會上 20% 的人占有社會上 80% 的財富，也就是說，財富在人口中的分配具有不平等關係。同時，帕雷托還發現生活中存在很多不平衡的現象，他說：「這些不平等的關係，都可以用『二八法則』來解釋，雖然從統計學上來看，精確的 80% 和 20% 不太可能出現，不過這個定律仍然能夠用來解釋大多數的現象。」

1949 年哈佛大學語言學教授吉普夫（George Zipf）聲稱，自己發現了世界上「最省力的法則」，他的理論完全是對「二八法則」的重新發現與解釋。他所提出的「最省力的法則」指的是：「資源總是會自我調整，目的是使工作量減少。而 20% 到 30% 的資源與 70% 到 80% 的資源活動有關。」

後來，羅馬尼亞裔美國工程師朱蘭（Joseph M. Juran），經過長期研究和深入地分析，再次發現產品品質中隱藏著「二八法則」。在朱蘭的實踐和宣導之下，「二八法則」逐漸成為全球品質革命的中心思想。而朱蘭所提出的理論，不僅推動了美國的工業發展，也促進了日本的工業崛起。

　　「二八法則」從此被大眾所熟悉，也有人稱其為「帕雷托法則」。如今，「二八法則」不僅廣泛運用於經濟學、管理學領域，而且對於時間管理也有著十分重要的現實意義 —— 它能夠幫助我們正確地選擇，將自己的時間和精力花費在最重要的「20% 的事情上」，其餘「80% 不重要的事情」可以延後再去完成。

　　每個人都希望自己能夠在有限的時間裡做更多的事情，但是不要忘了「二八法則」的存在 —— 做任何事情都要主次分明，有時必要的犧牲也是為了最後的勝利！

　　生活中，「二八定律」也隨處可見，20% 的人偏向於正面思考，80% 的人偏向於負面思考；20% 的人有自己的目標，80% 的人總愛亂想；20% 的人在問題中找答案，80% 的人在答案中找問題；20% 的人放眼長遠，80% 的人在乎眼前；20% 的人把握機會，80% 的人錯失機會等等。

　　在任何事物中，最重要的、產生決定性作用的往往只占 20%，其餘 80% 儘管占多數，卻是次要的、非決定性的。要知道，任何人的時間和精力都十分有限，想要把「百分之百的事情」完全做好，幾乎是不可能的。因此，我們要學會合理地分配時間，與其「面面俱到」，不如「重點突破」，把 80% 的時間用在關鍵的 20% 上，用這重點的 20% 方面去帶動其餘 80% 的發展。

　　很多年輕人不小心踏進了時間管理的陷阱，將自己的時間和精力花費在不重要的地方，可是細心地總結之後才會發現，自己投入了 80% 的時間和精力，最後卻只有 20% 的回報。

　　如果利用「二八法則」來管理自己的時間，就能讓時間發揮最大的功效。比如在制定好一天的計畫後，把一天要做的事情全部羅列出來，然後劃分重點，將其歸納到「20%」的範疇內，這樣一來，當一天結束時，你就會驚訝地發現：自己做出了最明智的選擇！當自己將 80% 的時間投入

到這重要的「20%」的事情時，做事的效率得到了明顯提升，並且在這幾件重要的事情上所獲得的回報，要遠遠大於做那「80%」的不重要的事情所獲得的回報！

四象限原理：規劃待辦事項的輕重緩急

有一句古訓叫「天道酬勤」，它告訴我們只要願意付出你的勤勞，上天就會給你最豐厚的回報。不過把這句話運用到現代社會，就顯得有點「過時」了。

因為「天道不酬勤」的事情時刻都在發生。如果做事情不講究方法，分不清楚輕重緩急，哪怕你做得再多、再努力，最後都有可能一事無成、一無所獲。

現實生活中，很多人可能都有過這樣的經歷：明明一件事情可以很快做好，卻因為其他事情被耽擱，沒有及時去完成；明明自己制定的讀書計畫很輕鬆，卻因為其他事情的干擾而「計畫泡湯」。而且，隨著時間的推移，這些沒有做好的事情、沒有完成的計畫，會越積越多、越來越急。這時如果能夠確認事情和任務的輕重緩急，優先安排處理最重要和最緊急的事情，就會井井有條，而不會出現尷尬的情況了。

美國軍事家艾森豪提出過一個著名的「四象限法則」，它能夠幫助我們明確地知道自己的時間應該用在什麼地方。「四象限法則」根據事情的緊急性和重要性分為四個象限。

第一象限：重要並且緊急的事情，你必須馬上去處理

重要是指事情的影響力較大、意義重大，甚至會嚴重影響其他事情的進展；緊急就是需要馬上去處理、馬上做出反應的事情。這一象限的事情包括上司急需的企劃案、客戶的投訴電話、意外事故、信用卡帳單等。這些事情十分重要，也很緊急，需要你集中精力去完成。

如果出現拖延的情況，會讓事態變得更加緊急。因此，你必須對這一

象限的事情給予足夠的重視，並且優先處理，不能讓其拖延或擴散，造成更惡劣的影響。

第二象限：重要但不緊急的事情，不能被你忽略或遺漏

儘管這一象限的事情沒有太大的緊迫感，卻有著長遠的影響力，它主要包括個人的規劃、理想、抱負等。舉一個簡單的例子，大學快畢業了，你正在籌備寫論文，雖然你已經訂好了主題，可是還需要做很多方面的準備，比如蒐集資料、閱讀相關書籍等。

整個過程看上去並不緊急，有很多時間可以給你自由安排，但是你不得不耗費大量的時間和精力在這些事情上，否則被你忽略或遺漏的環節，可能會由第二象限變成第一象限，那時你就需要更多的時間和精力去處理這些事情了。

第三象限：緊急但不重要的事情，可以適當地忽略

你可以設想一個情境：假日，你獨自在家享受輕鬆的音樂，或者正躺在沙發上看書，這時電話鈴聲忽然響起，原來是朋友打過來的，邀請你去參加一個飯局。

儘管這件事情顯得十分緊急，但是並不重要，甚至可去可不去。

最後，你沒有拒絕朋友的「好意」，去參加了那個飯局。在飯桌上，你喝得酩酊大醉，才想起還有重要的工作要做，然而腦袋昏昏沉沉的，根本無法思考。

朋友的邀請雖然緊急，但並沒有特別的意義，反而會影響到你正常的生活與工作。

這樣說來，明明是第三象限的事情，你去按第一象限處理了，顯然是錯誤的。

第四象限：不緊急也不重要的事情，你要避免沉溺其中

這一象限的事情可做也可以不做，不過它們應該對你的生活仍是略有益處的。由於它們不緊急，也不重要，所以你要避免沉溺其中，不要花費太多的時間和精力。比如上網、逛街、看電影、聽音樂等事情。

現代管理學之父彼得‧杜拉克曾經說過：「那些最沒有效率的人，往往將自己的最高效率浪費在沒用的事情上。」很多年輕人為什麼埋頭苦幹，最後卻沒有得到相應的回報呢？其中很重要的因素就是分不清事物的輕重緩急，做起事來也毫無頭緒可言。

時間管理的第一大關鍵，就是要有明確的目標性，要分清事情或任務的輕重緩急。

其實，生活中很多事情都可以根據「四象限法則」進行分類。它能夠幫助我們分清事情的輕重緩急，這樣才能把時間都用在刀口上，提高做事的效率，也提高了時間的使用價值。

番茄工作法：張弛有度地操控專注力

你知道時下最簡單、最流行的時間管理方法是什麼？那就是「番茄工作法」。

「番茄工作法」是由瑞典作家法蘭西斯科·西里洛（Francesco Cirillo）提出來的一種時間管理方法。

法蘭西斯科·西里洛上大學時曾是一個「學渣」，還是一個重度拖延症患者，更不懂得什麼是時間管理。大學期間，他無法專心讀書，精力分散，效率低下，每天都生活在迷茫之中。他不知道自己在大學裡獲得了什麼，只知道自己每天都在浪費時間。

後來，他認真審視了自己，並且和自己打賭說：「我能不能專心讀書十分鐘？」

他從廚房裡找來一個計時器，形狀看起來像一個番茄，這也是「番茄計時」的由來。很遺憾，這次打賭他輸了。他居然連十分鐘都堅持不了。

不過，這反而激發了他的鬥志。他開始尋找方法，不斷進行嘗試，最後發明了這個簡單易行的「番茄工作法」，從此走上了人生巔峰，吸粉無數。

「番茄工作法」一經推出，便迅速登上了《哈佛商業評論》，並且受到眾多哈佛教授的推崇，同時也被眾多哈佛學子運用到實際生活中。

那麼，「番茄工作法」究竟是一種怎樣的時間管理法呢？簡單來說，就是選擇一項待完成的任務，將番茄時間設置為 25 分鐘，然後專心讀書或工作，中途不被任何與該任務無關的事情所打擾，直到番茄時間響起，任務結束後休息 5 分鐘，完成 3 到 4 個番茄時間後，將休息時間延長至 15 到 30 分鐘。具體的操作流程如下：

1. 準備好工具

「番茄計時法」所需要的工具十分簡單：一枝筆、兩張紙和一個計時器。

兩張紙畫出兩個表格，一張是「今日待辦事項表」，一張是「活動清單表」。

「今日待辦事項表」需要填上當天的日期，列出當天需要完成的任務，每天更換一張。

「活動清單表」是你近期需要完成的任務，可以根據輕重緩急排序。一張「活動清單表」可以用很多天，隨時增加新的任務，已經完成的任務劃掉即可。

2. 確定你的番茄時間

你可以根據自身的情況來確定番茄時間，可以是 30 分鐘，也可以是一小時。如果你將自己的番茄時間設置為 30 分鐘，那麼接下來的 25 分鐘就必須專注地完成讀書進度，5 分鐘用來休息，然後再開始下一個番茄時間。

當你完成三到四個番茄時間後，可以將休息時間延長至 15 到 30 分鐘。

3. 應對干擾

哪怕一個番茄時間只有短短的 25 分鐘，但仍有可能受到各種干擾，讓你無法保持專注。

這些干擾主要以兩種形式出現，一是內部中斷，二是外部中斷。

內部中斷是指自己突然想到有其他事情要做，比如需要回個電話給同

學，這時可以把突然想到的事情寫進「今日待辦事項表」，然後繼續完成這一個番茄時間，不要被中斷。

外部中斷是指另有一些緊急、重要的事情需要馬上處理，這時應該放棄這個番茄時間，哪怕只剩下 5 分鐘就要結束了，先去處理緊急、重要的事情，然後再開始一個新的番茄時間。「番茄工作法」能夠讓我們張弛有度地操控專注力，並且更好地進行時間管理，也能夠讓時間的分配變得有跡可循。它的最終目的，就是讓我們從完成一個一個番茄時間所帶來的效率提升和激勵中獲得豐富的成就感和滿足感。當我們有了成就感之後，便會更加熱情、專心地去讀書，在成就感中不斷提高自己的效率，繼而克服拖延的壞習慣。

現在一些手機 APP 也運用了「番茄工作法」，比如安卓的「專注清單」，有興趣的朋友也可以看看。

甘特圖：用管理專案的方法管理時間

在管理學界，甘特的名字可謂如雷貫耳，因為他發明了舉世聞名的甘特圖。

二十世紀初，美國科學管理學派創始人亨利·甘特（Henry Gantt）設計出了一種能夠統籌和監控專案進度的管理工具 —— 甘特圖。由於它是用條狀圖來顯示專案的進度，因此又被稱為橫道圖或條狀圖。

在甘特圖中，每個任務都有預期完成的時間，用水平的條形代表，左邊是開始執行的時間，右邊是任務完成的時間；任務進行到哪一個時間點，進度條就延伸到什麼地方。

你可以選擇一次執行一個任務，也可以幾個任務一起執行。對於那些比較重要的任務或者事項，可以用一個小菱形作為標記。

甘特圖最大的特點就是，一目了然。你可以在甘特圖中看到子任務是什麼，還可以看到每個任務什麼時候開始執行、什麼時候結束以及預想任務的完成進度。如此「視覺化」地呈現出整個專案，方便上司了解每個階段正在發生的事情，從而更好地跟進專案。也方便員工自查，對專案有一個整體的管控。

甘特圖最想突出的是專案執行中的時間因素，而它的主要作用有三點：

1) 計畫產量與計畫時間的對應關係。

2) 每日的實際產量與預定計畫產量的對比關係。

3) 一定時間內實際累計的產量與同時期計畫累計的產量的對比關係。

甘特圖把關注的重點放在時間的進度上，同時又能全面反映出專案的三要素 —— 時間、成本和範圍。有人說，甘特就是一個天才，因為只有

天才的管理學家，才能設計出如此簡單實用的工具。

很多人不知道，甘特出生於馬里蘭州的一個農民家庭，南北戰爭雖防止了美國的分裂，卻導致了甘特家庭的貧窮。童年的艱辛，使甘特明白了勤勉、儉樸、自省、奮鬥的意義所在。

1880 年，當他在霍普金斯大學以優異成績畢業時，他明白大學的學習所得還遠遠不夠。於是，他一邊在自己的母校任教，一邊在史蒂文斯理工學院繼續學習。

1884 年，他成為一名機械工程師。

1887 年，他來到密德維爾鋼鐵和伯利恆鋼鐵擔任助理工程師。在這裡，他結識了腓德烈·泰勒（Frederick Taylor）。

1902 年以後，甘特離開了泰勒，獨立開業當管理顧問工程師，並先後在哥倫比亞、哈佛、耶魯等大學任教。第一次世界大戰期間，甘特放棄了賺錢的企業諮詢，當政府和軍隊的顧問，對造船廠、兵工廠的管理進行了深入的研究。

二十世紀初期，在他的潛心研究下，甘特圖問世了。

從嚴格意義上來說，甘特圖只是專案管理方法，但我們仍舊可以用它來進行時間管理：

1. 列出每天的待辦清單

這時候不用管時間夠不夠用，先在腦海中列出今天要做的事情，比如起床、運動、吃早餐、去公司、寫一份報告、開會、吃午飯、午休、去拿一個快遞、回家、玩遊戲、睡覺。

2. 按照時間先後順序，將上述內容進行排序

起床→運動→吃早餐→去公司→寫一份報告→開會→吃午飯→午休→去拿一個快遞→回家→玩遊戲→睡覺。

用繪圖軟體（用紙也可以）畫一張簡單的圖，根據任務數量畫出橫條，最左邊寫出任務執行時間，最右邊寫出任務完成時間。

3. 根據甘特圖的理念，優化計畫

如果同一時間需要做兩件事情，或者多件事情，那麼可以將任務重疊。如果有重要任務，就用小菱形標記一下。這樣便能夠一目了然，看到任務的完成進度了。

從《星際效應》中找靈感，讓時間維度變得更豐富

《星際效應》是鬼才導演克里斯多福·諾蘭（Christopher Nolan）拍攝的一部科幻電影。從表面上來看，《星際效應》探索的是人類如何跨越浩瀚的星際空間、如何尋找人類新家園的故事。但從更深層次來說，它又蘊含了人類和時間的關係哲學。

如果從時間的角度去理解這部電影，我們可以看到一些比較大方向的議題，比如「第五維空間」、「蟲洞旅行」、「星際效應」等。理解這些議題，會發現時間的維度變得更加豐富了。

首先說一下「第五維空間」的概念。愛因斯坦的相對論指出，我們不能把時間、空間、物質三者分開解釋。因為時間與空間一起組成四維時空，構成宇宙的基本結構。所以物質與時空並存，只要有物質存在，時間便有意義。

另外根據系統論，任何系統都是有層次的 —— 這種層次便是第五維空間。《星際效應》中的「第五維空間」，指的便是時間、空間和層次的統一。

其次是「蟲洞旅行」。蟲洞不是只存在於科幻小說中的幻想，而是現代物理學所承認的物質，至少在理論上是如此。愛因斯坦曾在廣義相對論中寫道：「蟲洞是彎曲空間和時間用以操縱距離的區域。」本質上來說，蟲洞是空間中的一個點與較遠的區域之間的一種短路徑。人們所俗稱的「蟲洞」應被稱為「時空洞」在《星際效應》中，男主角就曾實現「蟲洞旅行」。不過，哈佛物理學家丹尼爾·賈菲里斯（Daniel Jafferis）認為，通過這些蟲洞要比直接航行花費更長的時間，因此它們對太空旅行不是很有用。因為蟲洞需要花費更長的時間才能穿過黑洞（理論上是蟲洞的開口），而且它

們不一定是直線。從外部的角度來看，穿過蟲洞的過程相當於使用糾纏的黑洞進行量子隱形傳態。

最後是「星際效應」。在《星際效應》中，一幫太空旅行者花費了八個月時間到達黑洞，在第一顆星球上探索的時間卻是二十三年，這裡的「時間差」是由引力強度造成的。男主角怎麼也沒有想到，雖然自己身上只過去兩三個小時，而外面的世界已經過去了二十多年。

可以說，在引力作用下，一瞬間也可以變成永恆。

值得一提的是，《星際效應》的科學顧問是著名的物理學家基普・史蒂芬・索恩（Kip Stephen Thorne）。他不僅是加州理工學院費曼理論物理學教授，也是當今世界研究廣義相對論下的天體物理學領域的領導者之一。有了基普・史蒂芬・索恩的加盟，才能確保電影中蟲洞等概念的準確性。

從《星際效應》中，我們能夠看到時間的維度變得更豐富了。時間的概念也變得複雜而難以理解了。很多人開始思考：時間的開始在哪裡？時間的盡頭又在哪裡呢？

史蒂芬・霍金（Stephen Hawking）曾經說：「宇宙中的時間是有一個起始點的，它由宇宙大爆炸開始，這個起始點被稱為『奇點』，『奇點』沒有『之前』一說，討論在此之前的時間是毫無意義的。」

這樣說來，時間開始於宇宙大爆炸，那麼時間的盡頭又在哪裡呢？根據「宇宙大爆炸理論」，宇宙始終處於不斷膨脹的狀態中，直到未來的某一天，宇宙膨脹得過大，再也無法支撐自己的質量，便會開始向內坍縮，最後形成一個巨大的黑洞。這個黑洞便是時間的「盡頭」。

雖然時間有盡頭，但是對於人類來說，時間仍舊是「永無止境」的 —— 不斷向前、持續進步，關鍵在於懂得時間的意義是什麼。

我們談論時間的問題，不是為了讓自己變得更加迷茫，而是為了讓自

己變得更加清醒。時間是複雜的，又是簡單的；過去和未來的時間無法掌控，但是可以掌握現在、活在當下。

正如哈佛前校長德魯·吉爾平·福斯特所說：「人生之路很長，我們總有時間去實施備選方案，但不要一開始就退而求其次。有時候，我們確實缺乏一種勇氣，一種承擔風險、放手一搏的勇氣。平平淡淡的生活也很美好，但生活，總是需要一些不一樣的東西。」

在可控的時間裡，活出自我，追求幸福，努力打拚，這便是生活最需要的東西。

第 8 章

養精蓄銳，讓身體和靈魂一起全力以赴

事倍功半的低效率勤奮者的一天

古今中外，那些有所作為的人，無論科學家、政治家還是文學家，都離不開「勤奮」二字。在競爭激烈的現代社會，你必須確保自己時刻都在努力進步，才能將競爭者甩在身後。今天你懶惰了，明天你將趕不上競爭對手，因為每個人都在前進，一刻也不停息。

哈佛大學公開課教授麥可·桑德爾（Michael J. Sandel）演講時說過這樣一段話：「一塊土地再肥沃，如果不去耕種，也長不出甜美的果實；一個人再聰明，如果不懂得勤奮，也目不識丁。」

不過，在現實生活中，很多人努力讀書了，卻沒有取得好的成績；很多人表面上看起來十分勤奮，但還是事倍功半，永遠比不過別人……這是為什麼呢？主要原因有三點：

1. 缺乏專注力的勤奮等於「瞎忙」

很多人看起來很勤奮、很努力地讀書，其實並沒有真正專心。

在資訊化社會，專注力是人類最寶貴的資源。正如哈佛「情商之父」丹尼爾·高爾曼（Daniel Goleman）說：「專注，它是驅使人們更加優秀的內在動力。」

一個人能否成長為頂尖的優秀人才，背後的因素有很多，包括主觀的與客觀的，但專注是突破自我、走向成功必備的素養。沒有誰能在有限的時間裡做無限的事情，也沒有誰能在每個方面都取得卓越的成功。哪怕你的智力超群、情商極高，也無法成為一個面面俱到的「全才」。現實的情況令人焦慮，許多聰明的年輕人，總是在做一件事情的時候想著另外一件事情，在完成一個任務的時候將精力分散給其他瑣碎的小事。他們的腦海

中有太多想法、興趣和欲望，卻唯獨沒有專注的精神，甚至忽略了專注力的重要性。

學習之路並沒有什麼捷徑可走，只是有些人將時間和精力用在同一個問題上，始終保持著專注的精神；有些人卻將專注力分散，即使坐在教室裡讀書，思考也不在書本之上。

只有重視並提高自己的專注力，才能在不斷地突破中實現自我，獲得終身成長。

2. 缺乏學習力的勤奮終究一無所獲

除了專注力，一位哈佛教授還說：「在全新的時代，如果仍舊使用傳統的方法去學習，只會變成一個減值的過程；而以學習力去獲取知識，則會變成一個不斷增值的過程。所謂學習力，就是一種讀書方法和解決問題的方式，它讓孩子學會讀書，在接受知識的基礎上有自己的獨到見解，獨立地思考問題，並發揮自身的創造力來解決問題。」

哈佛學子都很勤奮，但是他們絕不會只顧埋頭讀死書，而是懂得提高自己的學習力。

哈佛學子從來不會只顧讀書，而不注重發展其他方面的能力。如果只顧考試成績，就算每門功課都是 A，離開學校後也會一無所長。不懂得如何高效學習，也不懂得如何提高自己的學習力，即便自己再勤奮，其價值也會像陽光下的雪人一樣，逐漸消融，最後無影無蹤。

3. 不懂「養精蓄銳」的勤奮只會掏空身體

有些人確實很勤奮地讀書、夜以繼日地工作，甚至讓自己的身體疲憊不堪。這樣的「勤奮」自然也是不可取的，因為「人的精力是有限的」。如果不懂得養精蓄銳，即便再勤奮，也只是徒勞。因為身體會支撐不住，精

神也會支撐不住，讀書和工作的效率也會越來越低。

從字面上的意思來看，「精力」是指人的精神和體力。

暢銷書作家湯姆・拉思（Tom Rath）在《你充滿電了嗎？啟動人生狀態的精力管理》（*Are You Fully Charged? The 3 Keys to Energizing Your Work and Life*）一書中寫道：「精力是一種能量體系，如果把人體想像成電池的話，精力的狀態就像是電量的儲備狀況，精力包含意義、互動和能量三大要素。」

英國管理顧問、培訓師丹尼爾・布朗尼（Daniel Browne）在《超級精力管理術》（*The Energy Equation*）中將精力定義為：每個人做事投入度的基礎，分為筋疲力盡、全情投入、遊刃有餘等不同層次，影響精力的主要因素為運動、飲食、睡眠等生理基礎和情緒壓力狀況。

每個人的精力是十分有限的，不會源源不斷、用之不竭。人們在調動精力的時候，也並非只是一個維度上的調動，而需要體能、情緒、思考和精神上的互相協調。

因此，每個人應該管理好自己的精力，讓精力的消耗和補給始終保持平衡。

藝術家雷諾瓦曾說：「假如你沒有別人聰明，也沒有什麼特殊的能力，那麼勤奮將會彌補你的不足；假如你擁有明確的目標，做事的方法也很恰當，那麼勤奮將助你獲得成功！」

如果只是一味地勤奮，而不知道培養自己的專注力與學習力，不知道管理好自己的精力，也只會是低效率的勤奮者。

最不能透支的資本 —— 身體

當今社會競爭激烈，任何一個工作職位都有無數的競爭者。這也向年輕人發出了一個警告：如果不好好讀書，未來你將沒有更多的選擇。

年輕人面對求學及就業的壓力，熬夜加班早已成為一種風氣。大多數年輕人只能用工作的進度來彌補資本的不足。在求學壓力、工作壓力、社會壓力以及生活壓力的「多重施壓」下，很多年輕人開始透支自己的身體健康來讀書和工作，這使得他們的身體呈現亞健康狀態。

我們經常能在各種新聞上看到某某工作者，因為忽視了身體的承受能力，強行給自己加上更多的任務，最終倒在了還未完成的文案堆裡，英年早逝。身體不能無休止地消耗，就算是高三學生面臨指考，在必要的時間他們也需要假期去放鬆，緩解讀書的勞累。

身體是革命的本錢。讀書和工作是永無止境的事情，生命卻是有始有終的。我們需要在短暫的時間裡，展現出生命的價值。所以，身體是年輕人最不能透支的資本，一旦身體出現問題，讀書和工作將失去原有的意義。

哈佛大學同樣重視學生的身體素養，雖然哈佛學子整天忙於讀書、忙於思考、忙於社交，卻從來不會透支自己的身體。他們會留給自己充足的睡眠時間，會為自己準備豐盛的食物，因為他們知道，身體健康才是學習的基礎，透支身體就等於透支生命。很多人可能不知道，在申請哈佛大學的學生中，專業運動員會擁有很大的優勢。哈佛大學甚至將「體育」單獨列出來，其權重達到了 25%，在「體育」要素中，共有 1 分到 6 分六個等級，招生官會為學生評分，6 分最低，1 分最高，其中還有「+」或者「−」作為調整。最後，招生官根據四個要素進行整體的評估。可見，體能的好

壞會直接影響申請哈佛的成功率。

哈佛大學還會將「精力管理」當成重要的課程，開設此類課程的目的是為了讓學生明白，只有做好精力管理，擁有充沛的體能，才是學習的基礎。

美國著名的心理學家吉姆‧洛爾（Jim Loehr）在《能量全開》（*The Power of Full Engagement*）一書中寫道：「我們應該在精力充沛的時候做重要的事情，讓自己適當休息，作息要有規律，多做有氧運動，累了就補充熱量。只有善待自己的身體，身體才會善待你。」

在《能量全開》一書中，吉姆‧洛爾還提出了三種精力管理模式：

1. 日常模式：支出與補充

在日常生活中，每個人都需要不斷支出和補充自己的精力。

成人工作、做家事或進行其他娛樂活動，需要支出精力；孩子讀書、做作業、看電視也需要支出精力。當然，在支出精力過後，我們也需要補充精力。

正如手機需要電池的能量才能正常運轉，在進入低電量模式後需要及時充電一樣，人的精力在不斷消耗之後，也需要及時休息，讓精力得到補充。

日常精力補充的方式有兩種，一是每天睡眠的長休息，二是活動間隙的短休息。

2. 壓力模式：透支與修復

如果手機的電量低於 20%，手機會立刻發出「電量過低」的警示；而當手機的電量低於 1% 時，會自動進入關機狀態，這時候就必須充電才能讓手機恢復正常。同樣的道理，人體也會出現體力透支、精力不足的情

況，比如連假通宵泡酒吧、玩遊戲，考試前熬夜看書，一口氣跑了很遠的路程等。在這種「壓力模式」下，身體會過度消耗日常儲備的精力，從而出現精力不足的情況。如果不能夠及時休息，給身體「充好電」，那麼就很容易讓身體出現問題，最後需要透過治療或休養才能重新恢復健康與活力。

3. 極限模式：儲備和衰竭

手機電池也有自己的壽命，即電池循環充放電的次數。一般的手機電池在使用超過一年後，就算每次都充滿了電，其待機時間也會越來越短，到最後甚至無法再充電，直接報廢了。

人的精力也會隨著使用次數的不斷累積而進入極限模式，漸漸走向衰竭。但是，我們可以根據精力的構成因素，進行適度的強化訓練，正如我們可以透過鍛鍊來增強體質、延緩衰老一樣，透過適度的強化訓練，也能夠增加精力的儲備。

生活在數位化時代，每個人都替自己上緊發條，每天按部就班地讀書、生活和工作。然而，面對與日俱增的社會壓力，我們的身體不斷被透支，精力也「捉襟見肘」了。

這時候如果不懂得及時恢復和補充，就會導致身體出現「電量不足」的情況。可見，如何管理好自己的精力，似乎比如何管理好自己的時間更加重要，因為精力不足，專注力便會下降，我們也就無法正常地讀書與工作，更不可能有所作為了。

習得性無助：讓人終日萎靡不振的心理誘因

讀書講究的是勤奮、是累積、是高效率的學習方式、是良好的身體和心理狀態……

如果一個學生整日萎靡不振，看起來沒精打采，甚至陷入了「習得性無助」中，又如何好好讀書呢？「習得性無助」指一個人經歷了挫折與失敗之後，面對問題時產生的一種無能為力的心理狀態。

「習得性無助」的孩子，最初也擁有積極的心態，但是經歷多次努力之後，仍舊達不到自己或父母的要求，甚至因此遭受父母的批評、打擊和責罵，結果成績越來越糟糕，直至陷入惡性循環中：父母起初的批評可能還有一點作用，但一次次的批評和打擊，讓孩子越來越無助，開始覺得自己「就這樣了」、「無能為力了」、「沒辦法了」……

這時候的孩子已經陷入了「習得性無助」的心理狀態中，就像古希臘神話中的薛西弗斯一樣，一次又一次將巨石推上山頂，然後巨石一次又一次從山頂滾落，如此循環不止，薛西弗斯永遠都在絕望之中，直到他的生命盡頭。

現實生活中，有很多人像薛西弗斯一樣，很努力地去做某件事情，卻又頻頻發生意外，始終無法達到預期的效果。由於長久的努力得不到回報，這些人甚至會覺得努力是一件毫無意義的事情。這種無助又無望的感覺，便是心理學上的「習得性無助」。1967 年，美國心理學家馬丁‧賽里格曼（Martin Seligman）在研究動物時，用狗做了一個經典的實驗：

他將狗關進籠子裡，每當蜂鳴器響起的時候，就對籠子裡的狗進行一次電擊。起初狗會極力掙扎，但籠子關得緊緊的，牠根本無法從籠子裡逃出來。

多次實驗之後，蜂鳴器響起，即使把籠子的門打開，狗也沒有再掙扎，而是呻吟著、顫抖著，等待電擊的出現。但籠子的門明明開著呀！只是牠已經沒有了逃出去的想法。

馬丁・賽里格曼將這種「可以主動地逃避卻絕望地等待痛苦的來臨」的狀態，稱為「習得性無助」。這項研究也表明，反覆對動物施以無可逃避的強烈電擊，會帶給動物無助和絕望的情緒，讓牠們漸漸放棄想要抵抗的想法，絕望地等待最壞的結果。

後來，心理學家發現，在對人類進行類似的實驗中，出現了類似的結果。

很多人在陷入長久的困境中時，都會產生自我懷疑或者自我放棄的念頭。或許起初他們也努力過、掙扎過，但因為沒有見到成效，便開始放棄努力，認為自己「這也不行，那也不行」，或者認為困境是無法被改變的，至少自己沒有能力改變。

在「習得性無助」的心理狀態下，人們會自我設限，將失敗的歸咎於自己身上，認為自己的能力不夠，從而放棄嘗試的勇氣與信心，變得破罐子破摔。比如有些人成績不好，就認為自己的智商太低，失戀了就認為自己不夠優秀等。

「習得性無助」對於自我心理狀態以及自我發展都有巨大的負面影響，既然如此，我們應該如何擺脫「習得性無助」呢？

1. 調整自己的歸責模式

無論是成功或是失敗，都應該有正確的歸責。失敗了，不能將所有責任都放在自己身上，認為自己不行、自己沒有能力，從而陷入「習得性無助」的狀態中。應該調整自己的歸責模式，正確認識自我，而不是一味地將失敗歸咎於自己。

2. 從自己擅長的事情做起

做自己擅長的事，更容易獲得成功，更容易擁有喜悅和成就感。自信心也會越來越強，對於自己的能力也會越來越認可。

3. 降低對不擅長領域的預期

當我們在不擅長的領域屢屢受挫時，可以適當地降低期望，否則只會讓自己不斷陷入挫敗感中。每個人都有自己的優勢與劣勢，當我們在不擅長的領域遭遇失敗，不如將精力放在自己擅長的領域，同時要學會把「我就是做不好」變成「我可以做好什麼」。

當一個人遭遇失敗、陷入困境和挫折之中時，仍舊要保持堅韌的意志力，去克服困難，去改變現狀，而不是產生「習得性無助」的心理。

意志力是管理自己情緒的能力、控制自己欲望的能力、激勵自己不斷進步的能力和克服一切困難的能力。堅強的意志力能夠幫助我們掌控人生、控制情緒、戰勝困難、從容不迫地走向成功；而缺乏意志力，只會讓人膽怯、畏懼、無所作為，最終演變為「習得性無助」。

最省力的努力是「第一次就把事情都做對」

　　「第一次就把事情都做對」的概念是著名管理學家克勞士比（Philip Crosby）提出來的。他在闡述「零缺陷」理論時，反覆提到這一概念，並將其歸納為「零缺陷」理論的精髓之一。

　　對於企業來說，「第一次就把事情都做對」是最便宜的經營策略，甚至有的公司直接將這幾個字做成條幅，掛在廠房門口。如果員工不能「第一次就把事情都做對」，就會讓工作陷入一片忙亂之中 —— 舊的問題剛解決，新的故障又出現了，結果就手忙腳亂，不斷地在糾正錯誤。輕則白白浪費了時間、精力與資源；重則檢討重製，給企業帶來重大的損失。

　　可見，第一次沒有把事情做對，就只能毫無價值地忙亂。你可以很忙碌，但最好是忙著創造價值，而不是忙著製造問題與解決問題。

　　生活中，很多事情都必須第一次就做到位，否則反覆修改、反覆去做，只會讓問題不斷滋生，只會浪費更多的時間、精力和資源。如果出現的問題重大，則會牽連到其他人，甚至整個企業。所以，低效率的勤奮應該終止，「第一次就把事情都做對」才是最省力的努力。

　　在一次工程作業中，老師傅需要一把扳手，便對小學徒說：「去幫我找一把扳手過來。」小學徒當機立斷，轉身就去找扳手。

　　但過了很長時間，小學徒才喘著氣回來，將一把很大的扳手遞給老師傅，說：「師父，這是你要的扳手，這扳手可真不好找……」老師傅一看，小學徒拿來的並不是他所需要的扳手。於是生氣地呵斥小學徒：「你拿這麼大的扳手做什麼？」

　　小學徒一臉通紅，什麼也沒有說，顯得十分委屈。

　　這時老師傅才反應過來，自己叫學徒拿扳手的時候，並沒有告訴他白

己要什麼樣的扳手，也沒有告訴他要去哪裡拿。所以，拿過來的扳手不適用也是理所當然。

第二次，老師傅直接告訴小學徒，到哪個倉庫的什麼角落，拿一個什麼樣子與大小的扳手……這回，小學徒很快就回來了，還帶著老師傅正需要的那把扳手。

年輕人肯定都遇到過這樣的情況 —— 第一次沒有把事情做對，然後問題不斷、麻煩不斷，做到最後也沒有做好，並且為此付出了巨大的代價。這時候可能就會有人站出來說了：人非聖賢，孰能無過。只要是人，就難免會犯錯，只要是人做的事，就不可能絕對完美。

於是，人們學會了給自己制定一個執行標準，只要「出錯率」在可接受的範圍之內，就允許自己犯錯。如此一來，更多的人都會認為，犯錯是可以接受且不可避免的。

但在現實生活中，有多少人允許自己的快遞被送錯呢？有多少人能夠接受自己的銀行存款因為銀行的失誤而少一個零呢？有多少人覺得自己乘坐的飛機出一次故障是正常的呢？

在有的事情上面，人們可以接受不完美的情況；但在另一些事情上面，人們則無法接受一點失誤或瑕疵，這便是克勞士比提出的「零缺陷」理論。

如何才能讓自己「第一次就把事情都做對」呢？

1. 不抱僥倖心理，認真完成每一個步驟

僥倖心理是人類的自我保護本能。當我們遇到壓力、風險、危機，感到焦慮不安，心理失去平衡的時候，僥倖心理便會「挺身而出」，以一種不確定的樂觀情緒支撐起人的精神層面。這種不確定的樂觀情緒並不是基於現實，甚至與現實相反，它的作用就是讓人的失衡心理及精神狀態得到

暫時的穩定，就像「精神嗎啡」一樣。在某些情況下，僥倖心理會帶給人們樂觀的心態，但對於一些懶散之人，或者想要投機取巧、一夜暴富、一勞永逸的人來說，僥倖心理會變成一種精神依賴，嚴重影響人的心理健康，比如有些人總想透過賭博、炒股票、博彩等行為來實現人生飛越。

因此，面對「有可能出錯的事」，不要抱著僥倖心理，認為它一定不會發生，而是應該謹小慎微，以客觀嚴謹的態度去面對任何一種可能性。

2. 重視細節，越細微的事情越要一次做到位

你肯定聽過「千里之堤，潰於蟻穴」，也知道「不積跬步，無以致千里」的道理。天下大事必作於細，細節因其「細」，經常讓人感到煩瑣，讓人不屑一顧。不過，很多事情的成敗又總是受到細節的影響。任何一個細節上的疏漏，都有可能讓你精心構築起來的「大廈」在瞬間轟然倒塌，讓你在微不足道的地方功敗垂成。如果你能夠在規劃人生時，重視一點一滴的小事，把每一個細節都做到位，那麼就能夠建立起成功的階梯了。

3. 永遠不要「趕工」，保持品質才最重要

很多人喜歡追求效率，喜歡「趕工」，但一味求快，而不重視品質，最後往往適得其反。如果總是盲目地提升做事的效率，對於課業中、工作中的一些細節掌管不到位，最後也只會漏洞百出、問題不斷，並且在處理這些漏洞和問題時，往往會花費更多時間，這樣反而降低了效率。所以，「趕工」是一種得不償失的工作方式，應該盡量避免。

從古至今，我們接受的教育中，就包含了「人無完人，金無足赤」、「犯錯是不能避免的」、「人非聖賢，孰能無過」等觀念。直到「零缺陷」理論走進大眾的視野中，人們才開始反思，重新審視這個問題 —— 在有些事情上可以犯錯，有些事情卻要求零缺陷。

　　「第一次就把事情都做對」是一種「避免錯誤」的思考方式，它與傳統思考中的「允許犯錯」相悖，因此年輕人要學會區別對待，更要學會自己抉擇 —— 在哪些事情上允許自己犯錯，哪些事情上必須「零缺陷」。當你有了自己的執行標準後，就更容易將事情做好了。

如果你的睡眠時間被意外剝奪了

　　哈佛大學不僅很重視培養學生的學習力與社交能力，還很重視學生的睡眠情況。睡眠也是哈佛校園生活的核心之一，Study（學習）、Sleep（睡覺）、Social（社交）被合稱為「3S」。

　　哈佛醫學院還特意建了一個「健康睡眠」網站，定期發布一些關於睡眠的研究報告，不斷強調健康睡眠的重要性，同時還有一些教授會在網站上分享健康睡眠的方法。

　　2018 年，哈佛大學更是設立了專門的「學前睡眠課程」，要求新生必須完成線上睡眠的基礎課程，才能夠正式入學。這些措施充分說明了哈佛大學對於學生睡眠的重視。如果沒有一個高品質的睡眠，就不可能擁有充沛的體能和精力投入到學習之中。

　　從生理學的角度來看，人在睡眠的時候，身體正在經歷一個主動修復的過程。

　　睡眠期間人的體溫、心率、血壓會下降，呼吸及部分內分泌減少，基礎代謝降低，而胃腸道及其他相關臟器合成並製造人體熱量物質的活動得到加強，從而使人的體力得到恢復，疲勞感得以消除。同時，在睡眠狀態下，大腦的耗氧量大大減少，有益於腦細胞儲存熱量，恢復精力，所以睡眠充足的人往往精力充沛、思考敏捷，讀書和工作的效率較高；而睡眠不足的人往往精神萎靡、注意力渙散、記憶力減退。在正常情況下，人體會對侵入的各種抗原物質產生抗體，並且透過免疫系統將其清除，以確保人體的健康。睡眠不僅能夠增強人體免疫力，還能夠使各組織器官的自我康復加快。

　　美國國家睡眠基金會推薦成年人每天的睡眠時間是 7 到 9 小時。睡眠

基金會研究出的睡眠時長標準表顯示：6 到 13 歲的兒童睡眠時間應該保持在 9 到 11 個小時，不建議的睡眠時間為不足 7 個小時或者超過 12 個小時；14 到 17 歲的青少年睡眠時間應該保持在 8 到 10 小時，不推薦的睡眠時間為不足 7 小時或者超過 12 個小時。

在醫學上，睡眠分為五個不同的階段：

一、　入睡期：昏昏欲睡的時候，睡眠良好的人，入睡期通常只占整個睡眠時間的 5% 左右。

二、　淺睡期：剛進入睡眠的時候，大約占整個睡眠時間的 50%。

三、　熟睡期：主要發揮過渡的作用，約占睡眠時間的 7%。

四、　深睡期：恢復精力的主要階段，約占睡眠時間的 15%，進入深睡期後不容易被叫醒。

五、　快速動眼期：又叫異相睡眠期，約占睡眠時間的 20%。這一階段在鞏固大腦的學習力和記憶力方面有著十分重要的作用。

以上五個階段構成了一個完整的睡眠週期，每個睡眠週期會持續 90 到 120 分鐘，正常人一個晚上會經歷 4 到 5 個週期，總共睡 6 到 9 個小時。

不過，現代人生活節奏飛快，生活壓力巨大，加班工作、熬夜唸書的情況經常發生，很多年輕人的睡眠時間都被意外剝奪了。調查資料顯示，睡眠最少的三個行業分別是服務業、廣告業和金融業，這些行業的人平均睡眠不足 7 個小時；而在未成年人中，高三的孩子睡眠時間最少，平均每天只睡 5 到 6 個小時。

這些高壓下的人，在工作與讀書中需要投入更多的精力，卻沒有足夠的睡眠時間，其後果可想而知 —— 他們不僅被失眠、多夢等睡眠問題所困擾，而且精力得不到有效恢復，工作與讀書自然沒有效率，而且長時間被睡眠問題困擾，還會影響到身體健康。《百年孤寂》的作者馬奎斯（Gabriel Márquez）曾經說過：「失眠是一種時疫病，即時代的瘟疫。」

　　如果只知道忙碌地支出精力，而不知道停下來補充精力，最終會將人體儲存的精力消耗殆盡。年輕人無論工作多忙、學業多繁重，都要確保充足的睡眠時間。只有在睡眠中恢復了精力，才能更加高效率地投入到工作與課業中。

　　在哈佛大學還有一種這樣的說法：讀書、社交、睡眠，每個人只能選擇兩個。如果你想取得優異的成績，就要放棄社交或者睡眠的時間，但是有一位完成了哈佛睡眠基礎課程的學生說：「透過學習哈佛的睡眠基礎課程，我相信自己可以全部擁有這三項，而這正是從每晚良好的睡眠開始的。」

　　確實，只要確保睡眠時間不被剝奪，就能讓身體和靈魂得到充足的休息！

熬夜族的「大腦餵養計畫」

現代年輕人很多是「熬夜族」，他們習慣占用自己的睡眠時間，去做一些其他的事情，比如打遊戲、看影片、網路聊天、瀏覽社群網站等。其實，他們也知道熬夜的危害有多大，也經常看到媒體報導「有人熬夜猝死」的新聞，但他們就是改不掉熬夜的壞習慣。

年輕人肯定有過這樣的體驗：前一天晚上沒有睡好，第二天起床會出現「頭痛欲裂」的現象；如果一整晚不睡覺，大腦會特別不清醒，思考力也會明顯下降。這些都說明，缺少睡眠會對大腦造成嚴重的損害。熬夜族可能也知道這一點，但絕對不會想到傷害如此巨大。

《神經科學雜誌》上的一項研究顯示：睡眠不足帶給大腦的損害是無法透過補覺來修復的。一個人如果長期熬夜，往往會出現頭暈眼花、反應遲鈍、記憶力減退等症狀。

2019 年 2 月，哈佛醫學院的博士研究團隊，在國際頂級學術期刊《自然》上發表了一篇有關「熬夜與睡眠」的研究報告。

報告中明確指出：熬夜之後，如果睡眠時間不夠、睡眠品質不好、睡眠不連續，都有可能導致動脈粥樣硬化，其中危害最大的是「碎片化的睡眠」。

什麼是「碎片化的睡眠」呢？就是被打斷的、不連續的睡覺。「碎片化的睡眠」會讓人體內的白血球迅速增多，破壞血管內壁結構，最終導致動脈粥樣硬化。而人體一旦出現動脈粥樣硬化，猝死的機率便會急速上升。

瑞典烏普薩拉大學的教授也指出：熬夜會對大腦造成嚴重的損害。

該教授及其團隊找來兩組受試者，分別觀察他們在缺乏睡眠的情況下，大腦會發生怎樣的變化。結果顯示：長期熬夜的受試者，大腦內的一

種化學物質會呈現明顯上升的趨勢，而這正是腦部受到損傷的一種訊號。

本篤教授還指出，長期熬夜、缺少睡眠，不僅會對大腦造成損害，久而久之還會導致帕金森氏症、阿茲海默症以及多發性硬化症，嚴重影響人的身心健康。

熬夜的危害如此巨大，為什麼很多年輕人還「樂此不疲」呢？

有人熬夜是為了工作，有人熬夜是為了讀書，而有些人熬夜只是為了玩耍，甚至有人熬夜已成習慣，不到凌晨兩三點就睡不著覺。無論是什麼原因，熬夜的危害都是不言而喻的。

因此，對於熬夜族來說，為自己制定一份「大腦餵養計畫」已經迫在眉睫了。

首先，應該及時補充水分。

水分的補充至關重要。水是生命之源，長時間熬夜往往使我們忘記補充水分，或者用各種飲料、啤酒或者咖啡來代替水，這非但不能補充水分的需求，還會加重缺水對身體的傷害。不管在何種場合，我們都需要及時飲用足量的白開水，來維持體內代謝反應的有序進行。

其次，應該及時補充營養。

營養的均衡是支撐我們工作的基礎。我們不能為了圖方便而忽略了健康的膳食，我們需要每天及時補充營養，尤其是在熬夜之後。一些新鮮的蔬菜水果是熬夜之後的不二選擇，例如藍莓、芒果、紅蘿蔔等，這些能保護眼睛、減少視力的疲勞感。優酪乳或小米粥、蓮子粥、百合粥等能安神養胃，消除飢餓感。或者再泡一杯花旗參茶、養生茶，調和身體，除了消除疲憊還能增強免疫力。

最後，應該及時補充睡眠。

當我們熬夜到凌晨三四點，實在睏得不行再去睡覺，到第二天中午或

者下午再起床，看起來我們已經睡得夠多了，但醒了之後依舊很睏，頭暈乏力。這是生理時鐘紊亂造成的，熬夜在不斷消耗我們的體力。對於上夜班的人來說，休息時間的合理安排至關重要，既然晚上工作了很久，就在白天的時候好好睡一覺，或者利用中午的時間午休一下，但這個時間不宜超過三個小時。如果發現自己的確有失眠的症狀無法調整時，就要去找醫生診療一下，聽取他們的建議來調整作息。

影響早上覺醒的「晚間作息表」

很多年輕人都知道良好睡眠的重要性以及睡眠不足的危害性，但仍舊沒有毅力去改變自己的「晚間作息表」：應該睡覺的時候，還在吃東西、看手機、玩遊戲；應該起床的時候，還在呼呼大睡。最後上班遲到了，上學也遲到了，而且一整天都沒有精神。

可見，如何安排自己的「晚間作息表」，將決定自己是否能夠擁有良好的睡眠，以及第二天能否早起。每個人的「晚間時間」都差不多，區別在於有些人將「晚間時間」安排得井井有條，有些人卻安排不當，最後影響了早上覺醒。

西醫認為，人體自帶生理時鐘，什麼時間睡覺應該根據人體的生理時鐘來斷定。大多數成年人體內的生理時鐘，會在晚上十到十一點之間出現一次低潮。也就是說，這段時間睡覺，更容易進入睡眠狀態中。所以成年人的入睡時間最好早於這個時間點一個小時左右。

人體生理時鐘在早上六點左右，會出現一次小高峰，這時是起床的最佳時間。不過，對於未成年人來說，他們的身心正處於發育階段，睡眠時間需要更久一點，入睡時間也應該提前。

人體生理時鐘也不是一成不變的，它會根據每個人的作息時間做出相應的調整，比如有些人習慣晚上十一點後入睡，堅持了很多年，也沒有感覺不適，說明他已經養成晚上十一點以後入睡的生理時鐘。所以，具體的入睡時間應該根據每個人的年齡和作息規律來定。

前段時間，哈佛高材生李柘遠在網路上分享了自己在哈佛大學的一天日程。下面讓我們來看看他的「晚間作息表」。

☑ 晚上 6 點 35 分到晚上 7 點 20 分

晚餐時間。約不同的同學吃飯，不僅有哈佛的朋友，還有麻省理工學院、柏克萊音樂學院的朋友。這是一個重要的「晚餐社交時間」，很多哈佛學子都會借此拓展自己的社交圈。

☑ 晚上 7 點 25 分到晚上 7 點 45 分

晚餐後的這段「碎片化時間」，可以自由安排，比如做作業、聽音樂、打電話給臺灣晨起的家人或者小睡一會兒。

☑ 晚上 7 點 50 分到晚上 9 點 50 分

高強度讀書或者寫作的時間：一個人走進圖書館，一疊書、一臺筆記型電腦、一副耳機、一瓶水、一些補充熱量的小點心，高度專注兩個小時，絕不接受手機和其他人的干擾。

☑ 晚上 9 點 50 分到晚上 10 點 10 分

又是一個「碎片時段」。在這 20 分鐘裡，可以在圖書館鬆軟的沙發椅上躺一會兒，不做其他事情，讓身心得到完全放鬆。

☑ 晚上 10 點 15 分到晚上 11 點 45 分

一天結束前的「最後忙碌」時段。由於在國內有自己的創投公司和專案，所以每天都需要抽出一定的「辦公時間」，遠端開會、和團隊一起工作。

☑ 晚上 11 點 50 分到半夜 12 點前

零點前，應該對一天的讀書和工作進行總結：哪些事情做好了，哪些事情留著明天繼續做，一定要整理清楚。

☑ 半夜 12 點到半夜 12 點 40 分

一天中的「徹底放鬆時段」，將讀書和工作中的所有事情，全部拋在

一邊。讀讀喜歡的課外書、看看喜歡的電影、寫寫文章聊聊天、計劃近期的旅行、和家人睡前聯絡一次，有時也會跟隔壁的同學打打遊戲（從不上癮）或者網路購物片刻。

☑ 半夜 12 點 40 分到 12 點 55 分

洗漱一下，準備上床睡覺。睡覺前，會靜思冥想一會兒，然後對世界說晚安。

雖然李柘遠的「晚間作息表」被安排得滿滿當當，但他覺得自己很充實、也很有收穫。而且，每天早上 6 點 30 分他都能夠準時起床。他說：「我在學校時總能形成較穩定的生理時鐘。有時即使不開鬧鐘，也能在 06:30 前後不超過 10 分鐘的區間內醒來。」

他醒來的第一件事情也不是賴床，而是伸個懶腰，然後快速做三十個伏地挺身……

現在來做個比較，你又是如何安排自己的「晚間作息表」呢？

你是否總愛睡前躺在床上看書或者看電視？這可能也是許多年輕人喜歡做的事情。雖然那樣躺著會感覺很舒服、很愜意，但大腦會一直處於緊張狀態，哪怕睡著了，也會被各種夢境所打擾。長此以往，還很容易出現神經衰弱的症狀。

你是否總愛躺在床上胡思亂想，工作上的壓力、課業上的壓力、生活中的壓力瞬間就將你淹沒了。「想太多」的結果是越想越睡不著，甚至出現煩躁、焦慮、憂鬱等情緒。很多年輕人長期失眠，就是因為內心壓力太大，每天睡前都有「想不完的事情」。

你是否習慣在睡前玩手機呢？哈佛大學的研究人員發現，睡前只要使用兩小時帶有背光顯示幕的電子產品，比如手機，就可導致褪黑素被抑制 22% 從而導致睡眠時間減少、睡眠容易被打斷等問題。儘管如此，很多年

輕人在睡前仍舊放不下手機。

你是否會有睡前喝太多水、吃太多刺激性的食物的情況呢？如果睡前喝太多水，不僅會加重腎的負擔，還會讓失眠的人一次次起床上廁所。另外，不當的飲食也會影響睡眠，比如酒類、油膩性的食物、含咖啡因的食物、辛辣的食物等。

以上這些「不良的晚間作息」，都會影響到睡眠品質。哈佛大學教授在青少年科學會現場演講時曾說：「一是我建議每個人要有充足的睡眠，青年人需要八到十小時的睡眠；二是睡眠的時間點一定要有規律；三是需要高品質的睡眠，要在安靜、舒爽的地方睡覺，這樣才能避免作息紊亂。」

這些「小建議」值得每位年輕人學習與借鑑。

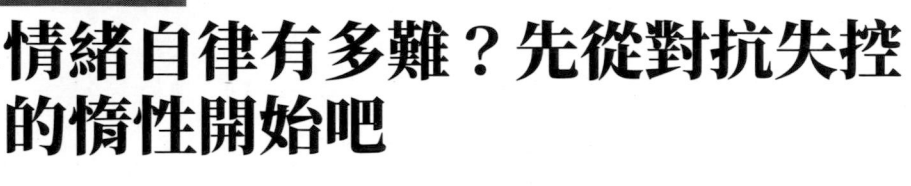

第9章
情緒自律有多難？先從對抗失控的惰性開始吧

Training
Basic Logic

高效執行者與低效空想家的「較量」

這是一個充滿競爭的時代，也是高效執行者與低效空想家「較量」的時代。

高效執行者是指那些擁有遠大夢想，並且勇於行動的人。而低效空想家，是指那些只會抱著夢想度日，而沒有付諸現實的人。夢想與現實之間，只差一個執行力而已！

所謂執行力，就是貫徹策略與想法，完成預定目標的操作能力。在現實生活中，有些人做事總是小心謹慎，每次產生想法之後都要「深思熟慮」，覺得一切都準備就緒才能行動；有些人卻勇於行動，有了想法就大膽行動起來，而不是站在原地觀望。

哈佛大學也很重視培養學生的執行力，哈佛教授除了講解課題，還會讓學生「馬上行動」，將學習到的知識運用到現實生活當中去。哈佛學子也懂得執行的重要性，當他們有了自己的目標和計畫之後，會立刻執行，而不會等待或者拖延。

如果一個人只知道站在原地等待機會，而不是自己尋找機會、創造機會。那麼，最終會像《等待果陀》（*Waiting For Godot*）中的主角一樣，永遠只是在等，至於有沒有等到「果陀」，誰又說得清楚呢？

無論我們想做什麼事情，想完成怎樣的目標，都不應該等所有的條件都成熟了以後再開始行動，否則只會永遠處於等待和拖延之中。低效空想家雖然擁有近乎完美的計畫與實施步驟，卻會因為拖延而停滯不前，甚至產生倦怠心理。

什麼是倦怠心理呢？ 1974 年，美國臨床心理學家赫伯特·佛羅伊登伯格（Herbert Freudenberger）首次提出「職業倦怠」的概念，用來指人面對

過度工作時產生的身體情緒的極度疲勞。2019 年 5 月末，世界衛生組織將「職業倦怠」列入了國際疾病分類名單中，並將其描述為「未能被成功處理的、來自工作場所的長期壓力」。

除了「職業倦怠」，日常生活中我們時常被倦怠情緒所困擾。它對於個人的身心健康及學業、工作中的表現，都會造成很大的影響。導致倦怠的因素有很多，比如憂鬱、憤怒、悲觀、焦慮、失眠頭痛、讀書和工作無效率、人際關係緊張等。

如果你也出現了以上這些情況，那麼就得好好反思一下，是否在讀書中產生了倦怠情緒，而且要明白：克服倦怠情緒的最好方法就是用夢想驅動自己。

《拆掉思維裡的牆》中有這樣一段話：「如果你有一個夢想，那就去捍衛它；如果你有一個目標，那就去爭取它。走起來！當你走在人生之路上，沒有必要去羨慕那些走在高處的人，也沒有必要輕視那些走在你後面的人。因為，成功不是生命的高度，成功是生命的速度。成功在你此刻的腳下，成功就是越走越近。」

美國保險業之父格萊恩·布蘭德（Glenn Bland），在自己的著作《一生的計劃》（*Success!: The Glenn Bland Method*）中也寫道：「目標和計畫是通向快樂與成功的魔法鑰匙！有了明確的學習目標和計畫，並把它們寫下來付諸行動的人，他們將來的成就，是有目標和計畫但僅停留在腦子裡或紙上的人的十至五十倍。」

一個完美的計畫，如果只是坐而論道、光說不練，而沒有被執行，也產生不了任何效果。如果不想成為「理論上的巨人，行動上的矮子」，不想成為低效空想家，就應該立即行動起來，穩紮穩打，按照計畫執行每一項任務、完成每一個步驟，一步一步走向成功。

那麼，如何才能提高個人執行力呢？《哈佛商業評論》給出了三點

建議：

1. 主動工作

　　對問題真正地「想執行」和「會執行」，將執行變得更加自動自發。工作裡的各種困難，也能因為這自動自發的思想迎刃而解。當我們執行一項任務時，各種問題也會隨之而來。這時，如果我們充分發揮主觀能動性和責任感，迎難而上，嘗試各種辦法解決它們，那麼最終我們還是能圓滿完成任務的；否則，面對困難一籌莫展、停滯不前，問題就還是問題，任務也還是任務，永遠不能為它畫上一個句號。

2. 勇於負責，注重細節

　　要圓滿完成一項任務，就要管控好工作中的每一個細節。工作中的任何事，無論大小，都有我們的責任，是壓力，也是動力，其意義就是能把它做好，這需要我們自己去實踐。所以，樹立自我執行能力的以及提升個人的責任心、進取心和提升個人品格自然也是我們的必修課。一邊認真負責地工作，一邊也要注重細節的管控。

3. 永不放棄

　　永不放棄指的是在工作中遇到任何情況，有挫折忍耐力，有壓力忍受度，還有自我控制力和意志力。首先要求的是堅強的意志、對目標的堅持，不論過程怎樣坎坷，都要堅持不懈地去克服、戰勝它。

　　最後也要明白，一個人的執行力如何，通常會受到信念的支配。因此，哈佛校園一直流傳著這樣一句話：「你有什麼樣的信念，就會促成什麼樣的結果。」

　　如果我們從字面意思來解釋「信念」二字，也會得到有趣的結果 ——

「信」就是自己說過的話，「念」就是今天的心，「信念」就是「今天我的心對自己說的話」。

現在，你可以捫心自問一下：你是否還擁有自己的夢想？抑或被生活所埋沒，將夢想深藏於心底，不敢輕易說出來，更沒有為之付出行動呢？

年輕人最不應該缺乏的就是夢想，只要堅持自己的信念，並且勇於執行，持之以恆地付出努力，就一定能獲得成功，成為高效執行者，而不是滿足於當一名低效空想家。

能夠飛上雲霄的鳥，不僅僅是因為有羽毛

世界上有三種鳥：第一種展翅高飛、翱翔蒼穹，在白雲和彩虹中肆意飛翔；第二種低空滑翔，穿梭於樹木之間；第三種遊蕩在地面，貪圖著大自然的豐富饋贈。

雖然牠們身材相似、結構相仿，都有著一身的羽毛，但並不是所有鳥都具備直飛雲霄的能力。在漫長的進化過程中，有些鳥從地面飛向了天空，有些鳥則從天空落回了地面，這是環境的選擇，也是物種的選擇，更是欲望和意志的選擇。

如果我們將人和鳥做對比，也可以將其分為三種：

第一種人，他們喜歡挑戰不可能的事情，願意為了領略更美的風景，心無旁騖地銳意前行到未知領域，無需外界的鞭策與鼓勵便能自主行動，在天亮之前就已經追隨著光明的軌跡，他們的情緒是飽滿的、高昂的。

第二種人，他們習慣於按部就班的安穩生活，只接受與自己能力匹配的事情，追求「更多、更好、更早」的欲望不甚強烈，「不求有功，但求無過」是他們的人生守則，重複的鬧鐘按時響起時，便開啟了他們周而復始、一成不變的一天，他們的情緒是低沉的、麻木的。

第三種人，他們貪圖安逸、怕苦怕難，做事常常畏首畏尾，即便是能力之內的舉手之勞，也不願意付之行動，更難以抵禦不勞而獲的誘惑，即便別人在一旁大聲呼喝：「趕緊起床吧！你的夢想還沒實現呢！你怎麼睡得著啊！」他們也會充耳不聞，換個姿勢接著睡去，他們的情緒是空虛的、萎靡的。

美國著名的成功學大師安東尼·羅賓斯（Tony Robbins）說過：「人生就註定於你做決定的那一刻。」

　　凌晨四點半起床是一種決定，早上七點起床是一種決定，上午十點起床也是一種決定。說到底，能否克服惰性影響了你未來的發展。

　　成功從來都不是一種偶然，它與超強的情緒自律能力是密不可分的。18歲的黑人男孩里恩·史坦頓在高中畢業後，生活中逆境不斷，迫於生計的他成為一名環境衛生工人，每天與一群社會最底層的人共事，然而正是這些人給予了他極大的鼓勵：「你不應該滿足於待在這裡，只要你足夠努力，完全能擁有不一樣的人生。」於是他重拾學業，考上了馬里蘭大學，他每天四點鐘按時起床，風雨無阻地去上班清運垃圾，然後再去上課，下課後還要回到垃圾處理站繼續工作。他勤奮、堅韌與自律，終於，24歲的他收到了哈佛大學法學院的錄取通知書，實現了人生的逆襲。

　　哈佛的菁英人士有著與眾不同的性格和氣質，但他們身上有一種共同特質，那就是嚴於律己的勤奮，這使他們無時無刻不顯露出一種應對自如的從容感，彷彿一切盡在掌控之中，因為他們早在別人行動之前就做好了該做的事情，甚至做得更深入、更全面、更完美。他們並沒有因為財富上的充足而選擇清閒的生活，更沒有荒廢時光去享受生活，他們比普通人更努力、更自律。他們還會以一種無形的力量影響著自己身邊的人，像領頭的大雁一樣，讓他人在不知不覺中隨從自己。這是一種人格的力量，只可意會，不可言傳。自律，是他們不斷獲得進步和尊重的重要方式與途徑。

　　猶豫、怯弱、衝動、敏感、懈怠、易變……這幾乎是人類在情緒管理中的共同弱點。我們並不缺乏知識，也不缺乏才能，而是缺乏情緒的自律。不管一個人的天賦有多好，如果他不夠自律，就沒法最大限度地發揮出自己的潛能。如果我們在遭受惰意侵襲而不想起床時，嚴肅地告訴侵襲者「停止腐蝕我的靈魂吧！我必須要起床了」，而不是放任惰意來操控我們，對我們洗腦：「反正也沒什麼重要的事情要做，不如多睡一會兒，何必那麼辛苦呢！」那麼，成功終究會屬於我們。

拖延到最後一刻的結果很可能是雪上加霜

網路上有這樣一個熱門話題：當代年輕人的三大絕症是什麼？

網友們紛紛作答，其中獲得贊同數最多的是：熬夜、掉髮和拖延症。這看起來像是一個冷笑話，卻真實地反映了當代年輕人總愛拖延的壞習慣。

你是否也有這樣的經歷呢？每逢長假，在老師指定作業之時，都覺得自己的時間夠多，只要幾天就可以完成的作業，不必急於一時。就這樣一邊安慰自己，一邊打開電腦，叫上三五好友一起打電玩。到了假期的末尾，你終於下定決心要寫作業了，但拿出書本不一會兒，又被朋友的電話叫出去玩了。這樣拖來拖去，直到假期真正結束了，作業也沒有寫好……

哈佛大學圖書館的牆上有這樣一句訓言：「不要將今日之事拖延到明日。」

很多人身上都有拖延的「毛病」，它不僅會對我們的生活、課業和工作造成負面影響，還會影響到我們的情緒，成為阻礙我們成功的絆腳石。

英國作家狄更斯曾經說過：「永遠不要把你今天可以做的事留到明天做。拖延是偷光陰的賊，抓住他吧！」我們看到那些總是在抱怨時間不夠用的人，往往是最不會珍惜時間的人。他們事事拖延，從來不知道什麼是有效的行動力。現代心理學將拖延症定義為一種自我調節失敗行為，也就是在自己能夠預知後果有害的情況下，仍然無法按計畫完成任務。拖延症是一種十分普遍的症狀，它對於個人的身心健康會產生很嚴重的影響，比如出現強烈的自責與負罪感，還會對自我產生懷疑，並且伴隨著憂鬱、焦慮等心理疾病。如果拖延症出現在政治、軍事、管理等重大問題上，比如重大決策的拖延、處理危機的拖延、解決問題的拖延等，則會造成無法想

像的嚴重後果。

　　由於拖延的時間基本都用來做了無意義的事情，所以很多人都認為拖延是由於懶惰貪玩造成的，其實它並不只是因為懶惰這麼簡單。對於拖延者來說，他們的內心會糾結很多事情，在面對內心的焦慮時，他們又會無意識地採取拖延行為來逃避面對事實，甚至可以說拖延本質上是為了避免內心的衝突及焦慮的手段。這樣一來，他們就陷入了「焦慮→拖延→焦慮」的惡性循環中，因拖延而產生焦慮，又因焦慮而拖延。

　　拖延症可以分為消極拖延和積極拖延兩種。在一般人看來，拖延症只是一種自我調節失敗以及自我設限的不正常行為，但實際上並不是一切拖延行為都是有害的。一般意義上的消極拖延常是無法快速採取行動、無法按時完成任務，而積極拖延則是故意做出拖延行為。積極拖延患者喜歡高壓的工作，他們總會故意拖延到最後才開始行動。

　　雖然消極拖延和積極拖延有很多相似的地方，可是在控制時間、自我效能、應對方式等方面截然不同。

　　年輕人還有兩種最典型的拖延症狀：一是內心苦惱於做與不做，直到筋疲力盡，始終沒有做好決定；另一種是表面上忙碌不已，好像做了許多事，實際上做的都是細枝末節的小事，最重要、最應該去做的事情卻一拖再拖，拋之腦後。

　　很多拖延者都會有這樣的心理變化 —— 假如工作任務十分緊迫又無從下手，內心就會十分焦躁，可是如果可以暫時放下手中的工作任務，內心又會立刻變得輕鬆愉快起來。因為暫時擺脫了壓力，即使拖延也會讓人感到無比輕鬆，就算只有幾分鐘也是美好的享受。換一個角度來說，拖延症也是一種自我的反抗行為，由於反抗自我而導致一拖再施。

　　一個人想要獨立思考是很困難的事情，附和隨從使人變得平庸，如果想要獲得成功，就必須異於眾人。不過要反抗環境並不是一件容易的事

情，於是反抗成為我們潛意識中一直想去做的事情。如果說聽從老闆的安排、按時完成任務就是一種順從環境的表現，那麼拖延的行為足以告訴眾人，你有多麼與眾不同。人是很矛盾的，一方面受到從眾心理的影響，盡量想讓自己的言行和大家一樣；一方面又希望自己與眾不同，不被環境所影響。

心理學家丹·艾瑞利（Dan Ariely）曾說：「你怎麼樣我不清楚，但是直到今天，我還沒碰到一個從不拖遲的人。遇見麻煩就往後拖，『明日復明日』的現象隨處可見，無論我們怎樣痛下決心、自我克制，一次又一次痛心疾首地矢志自新，但是克服拖遲惡習實在太難，難得無法想像。」

可見，一個人對於自我的堅守與反抗都深植於內心，拖延也並非一朝一夕能夠改變的事情。但無論如何，拖延都是一種不好的行為，我們必須想盡辦法去克服它。要知道，拖延到最後一刻的結果很可能是雪上加霜，最終可能會因為拖延的事情太多而讓自己處於崩潰的邊緣。

設置專屬觸發物，走出三分鐘熱度的惡性循環

　　成功者身上有很多種特質，其中一種便是懂得堅持，不輕言放棄；失敗者身上也有很多種「特質」，其中一種便是「三分鐘熱度」，做事總是半途而廢。

　　人的劣根性之一就是好逸惡勞，所以很多年輕人都有過這樣的經歷：

　　「新年初始，筆記本上寫滿了各種宏偉的計畫，但才堅持幾天就放棄了。」

　　「前一天才下定決心要減肥，但一看到美味的食物放在自己面前，就抵擋不住誘惑了。」

　　「新買的一本書，放在床頭好幾週了，到現在也沒有翻動一頁……」

　　很多年輕人都曾立下雄心壯志，但最終都沒有走出「三分鐘熱度」的惡性循環。

　　「三分鐘熱度」是大家時常掛在嘴邊的一句俗語，指一個人做事不專心，不能堅持到底，總是半途而廢的一種狀態。為什麼年輕人很容易陷入「三分鐘熱度」的惡性循環呢？

　　除了人的本性之外，還與時代文化、社會環境、外界影響等多種因素有關。一個人想要保持長久的熱情與動力確實不容易，因為當我們做一件事情、執行一個計畫時，內心都會產生一定的期望值。如果付出一定的努力之後，沒有得到相應的回報，就很容易因為失望而放棄努力。這也是很多年輕人容易陷入「三分鐘熱度」的主要原因。

　　從小到大，父母和老師說得最多的一句話就是「堅持，堅持，再堅持」，只有堅持到底，才能取得好成績，只有努力了才能找到好工作，過上好的生活。

不過，現實世界令很多人措手不及，甚至難以接受。在現實生活中，有人刻苦讀書，不分晝夜地背誦課文、單字和語法；也有人成天玩樂，做什麼事情都只有「三分鐘熱度」……

可想而知，這兩種人最終會有怎樣的回報。

一個人是否能戰勝困難，順利解除危機，往往取決於這個人有沒有堅定的信念，有沒有為了成功而堅持下去的決心。只有決心把事情做好時，我們才會拿出更多的熱情，全身心地投入，絕不輕易放棄，哪怕前面看起來真的無路可走，也要勇敢地走下去。這不是盲目，而是一種執著的精神，在這種精神面前，所有的困難和危機都將渺小起來。

相反的，如果做任何事情都只有「三分鐘熱度」，學習知識淺嘗即止，做事情半途而廢，又如何能夠真正地學到知識、做好事情呢？如果只有「三分鐘熱度」，只是在短期內多次嘗試，然後放棄，又再次嘗試，那樣只會讓自己的自信心受挫，甚至陷入自我懷疑與自我批判的惡性循環之中。如果你的堅持沒有得到任何回報，只能說明你堅持的時間不夠長久。

今天你堅持下去，繼續為明天的目標努力，克服心理上的懶惰，一步步實現自己的目標，那麼今天的你就是成功的。今天是明天的基礎，今天的事情做好了，明天才有可能成功。所以，你要繼續努力，絕不能習慣失敗，路是自己選的，即使再苦再累，始終要記住，一旦在路上，就要一直堅持下去，直到夢想實現為止。

有些人之所以獲得了成功，笑到了最後，就是因為他們有一種永不言棄的精神。即使自己失敗了，也永遠不放棄重來的機會，如此一步步靠近目標，一點點獲得成長，最終厚積薄發，站在了人生的頂峰。在遇到困難的時候，要學會迎難而上，這才是成功者的個性，知難而退則不會有希望。

那麼，作為年輕人，如何才能走出「三分鐘熱度」的惡性循環呢？

1. 養成堅持到底的好習慣

　　心理學家認為，人類會在「二十一天養成一種習慣」。在這個過程中，人類不僅會建立一種固定的行為模式，還會形成一種固定的神經元模式。如果神經迴路連接得越緊密，那麼行為習慣化的程度就會越高。一般來說，一個習慣對應的神經迴路不可能突然就消失，也不可能突然就建立。因此，我們要給自己一點時間，讓新的神經迴路慢慢戰勝舊的習慣，只要懂得堅持和循序漸進，就能逐漸養成堅持到底的好習慣。

2. 不要過分看重事情的結果

　　很多事情之所以堅持不下去，往往是因為畏難和太在意結果。畏難是人的天性，因為堅持的疲憊與辛苦是實實在在可以感受到的，但堅持的收穫與快樂卻無法立竿見影。還有人太在意結果，在遇到困難與挫折時，便感到特別焦慮，生怕自己完成不了目標。這種恐懼、焦慮的心理，同樣會促使他們早早地選擇放棄。

3. 設置專屬觸發物

　　設置專屬觸發物，同樣可以幫助你堅持下去，並且會讓你更具行動力。比如早上總想睡懶覺，可以設置一個鬧鐘。當鬧鐘響起的時候，便會觸發你的「起床神經」；再比如讀書倦怠的時候，可以看看以前的獎狀、滿分的成績單等，將它們作為觸發物，能夠讓人重新獲得讀書的動力。

　　成功是一個從根本上轉變的過程，在這個過程中需要你一如既往地堅持，才能看到最終的勝利。很多人往往在成功的前一步突然放棄，因為一連串的打擊和折磨讓他們看不到希望，產生了錯誤的判斷，其實他們只要再多堅持一下，就能獲得成功。

　　人生每一個目標的實現都不可能一帆風順，生活中的磨難並不比機遇

少，特別是當你接近成功的時候，磨難會越來越多，你的鬥志也會在漫長的旅程中越來越薄弱。這個時候，如果你沒有堅定的信念，就沒有辦法繼續堅持下去了。

記住：成功就是再堅持一下！這也是哈佛人直面困難的祕訣。

停止無效自省，找到突破自我限制的關鍵窗口

有些人總愛抱怨：為什麼我拚命讀書，最後的成績卻很不理想？為什麼我努力工作，最後的業績卻不盡如人意呢？其實，一個人的成功大多取決於內因，而失敗也取決於內在的缺點。

一個人想要獲得成功，就要學會自省，不斷反省和總結，不斷改正自己的錯誤。所謂「自省」，就是向內省察自己，檢討自己的言行，看自己有哪些地方做得不好、哪些地方可以改進等。正如哈佛大學的一位教授所說：「反省是一面鏡子，它將我們的錯誤清楚地照出來，使我們有改正的機會。丟掉了這鏡子，渾身汙垢的你就喪失了清潔自己的參照物。」

人為什麼要自省呢？一是客觀原因。我們不能只透過自己的判斷力，對自己做出評價，而應該「內外結合」，將自己的看法與他人的看法結合起來評價自己。不過在現實生活中，由於各種原因，人們不一定願意吐露心聲，哪怕看到你做錯事、說錯話，也會緘默不語。因此，我們需要透過自我反省來了解自己的所作所為。二是主觀原因。人不可能十全十美，每個人或多或少有一些生理或心理上的缺陷，尤其是年輕人，由於缺乏社會經驗，很容易說錯話、做錯事、得罪人，如果缺少自省，就無法看到自己的缺陷與不足，更談不上成長與進步了。

哈佛大學的一位教授說：「有意義的人生在於時時審視自己，人在內省中常常會發現什麼是最珍貴的。所以，沒有經過自省檢討的人生，是沒有價值的。」

生活中，很多人都將失敗歸咎到外界事物上，而不懂得反省一下自己。一個人的失敗肯定有多方面的原因，我們既要認清外界因素，也要學會自我反省。

　　當然，如果只是反省也是不夠的，就像知錯不改一樣。沒有反思、沒有改正、沒有獲得經驗與進步、沒有突破自我限制的反省，都是無效的反省。

　　有效的反省，應該能夠幫助我們突破自我限制，為我們帶來經驗與啟發。

　　很多人都覺得這個世界不公平——別人花一天時間就能做好的事情，自己要花十天時間；別人花一年就能獲得巨大的成就，自己卻需要花十年時間。

　　其實，這並不是個人能力上的差距，而是心理高度上的差距。每個人都會在心中預設一個「高度」，這個「高度」會產生暗示的作用，從而影響到自己的行為。

　　很多人習慣自我設限，在真正去做一件事情之前，先在自己心裡設置各種障礙。

　　人生最大的「敵人」並不是別人，而是自己。當你把問題看得無限大時，就再也沒有能力去解決它了。而懂得突破自我限制的人，從來不會給自己設限，再大的問題在他們看來都是小事。所謂自我設限，就是外界沒有限制的時候，自己的內心卻豎起了高牆，阻礙自己的行動，故步自封，不敢有任何逾越。

　　你的人生所能夠達到的高度，往往就是心理上為自己設置的高度。那麼，如何才能突破自我限制呢？最有效的方法就是時常反省自己，在錯誤中總結經驗，在失敗中汲取力量。

　　在每個人的成長路上，都會有各式各樣的際遇，錯誤和失敗也是難以避免的。當錯誤與失敗不可避免地發生時，我們要學會反省，學會從錯誤與失敗的際遇中獲得經驗，讓自己的能力得到提升。有時犯錯和失敗也能

讓我們獲得進步。

　　諾貝爾文學獎獲得者莫言曾經說過：「人不怕犯錯，犯了錯誤，如果能帶著教育和反思爬起來，錯誤就會成為課堂。」每個人都有犯錯的權利，犯錯也是成長路上不可避免的。你可以允許自己犯錯，但是不能允許自己犯相同的錯誤。

　　除了犯錯，失敗也是年輕人必須面對的事情。什麼是失敗呢？失敗就是預先設定的目標沒有達成、在生活或讀書中遭受打擊、陷入各種困境中等。

　　當錯誤或失敗出現時，你不應該慌張、害怕、不知所措，而應該在錯誤中總結經驗、在失敗中汲取力量。你一定要相信，錯誤和失敗也能帶來成長。這也是突破自我限制的力量！

　　愛迪生曾經說過：「失敗也是我需要的，它與成功一樣對我有價值。」哈佛「幸福學」導師塔爾·班夏哈也說過：「每個人必須經歷蹣跚學步才能走出優美的步伐，每一粒沙都要歷經千辛萬苦才能成為珍珠。同樣，每個人也要經歷無數次失敗，經歷失敗之後的堅持不懈，才能夠到達成功的彼岸。」

　　失敗是每個人成長之路上都會遇見的「不速之客」。這個世界上沒有人喜歡失敗，可是又無法拒絕失敗。很少有人能夠瀟灑地告訴自己：「失敗是成功之母。」因為這是一句苦澀的安慰，更像是自我欺騙。大多數人在失敗之後，便選擇了放棄，很少會給自己重來的機會！

　　有些人之所以獲得了成功，笑到了最後，是因為他們有一種永不言棄的精神。即使自己失敗了，也永遠不放棄重來的機會，如此一步步靠近目標，一點點獲得成長，最終厚積薄發，站在了人生的頂峰。一個人只有時常反省自己，屢戰屢敗，屢敗屢戰，才能找到突破自我限制的窗口，最終取得輝煌的成就。

化解「星期一症候群」的五個方法

哈佛大學流傳著這樣一種說法：一個人能否獲得成功，完全取決於他在業餘時間是否足夠勤奮！如果你能夠每晚抽出兩個小時來閱讀書籍、學習新技能、參加一些有意義的討論或者演講，那麼你就會發現自己的人生正在發生本質上的改變。

同樣的道理，如果你能好好利用週末的時光，堅持幾年也會有很大的進步。

然而，在現實生活中，大多數年輕人的週末，又是如何度過的呢？有人提前做完並復習了功課，有人順利通過了遊戲關卡；有人從書中學到了全新的知識，有人抱著手機看了一天的影片；有人輕鬆地完成了所有作業，有人把作業拖到了週一早上等等，不自律的學生在週末隨意放飛自我，把時間和精力都白白浪費掉了。相反的，合理安排週末時光的學生，不僅精力充沛，而且成績節節高升。

經過週末的「休整」，有的學生收穫滿滿、進步明顯；有的學生卻患上了「星期一症候群」——不是遲到，就是一整天都無精打采。

「星期一症候群」原本是指上班族在星期一表現出的疲倦、胸悶、精神萎靡等症狀。後來發現，年輕的學生們在星期一上課時，也會出現類似的症狀。

上班族出現「星期一症候群」，是因為週末過分消耗體力，過度放鬆自己，導致星期一重新回到工作職位上時，出現各種「不適應」的現象。學生出現「星期一症候群」，不外乎以下兩種情況：

一、 有些學生週末要上各種才藝班，沒有時間放鬆身心，因此精神萎靡不振。

二、 週末沒有安排好時間，過度玩樂，比如看電視、玩遊戲的時間過長，將作業都留到週日晚上，結果影響了睡眠，打亂了生理時鐘。

在哈佛大學，學生們的週末同樣被安排得滿滿的，但是哈佛學子能將自己的生活、學業、社交和玩樂的時間安排得井井有條。雖然學生們擁有的時間很有限，但他們總能兼顧生活、學業、社交的平衡。這緣於哈佛學子的自律精神 —— 什麼時間應該讀書、什麼時間應該睡覺、什麼時間應該起床、什麼時間應該玩樂……他們都能控制好，該做什麼的時候就會做什麼，絕不超時或拖延。

每個人都擁有自己的週末時光，也都要在週一踏入學校或者辦公室 —— 除非你還是一個嬰兒，或者整天無所事事的人，不然大家的生活都差不多。為什麼有些人能夠安排好週末，讓自己始終保持精神抖擻的狀態，有些人卻會患上「星期一症候群」呢？

原因就在於每個人的「自律」能力不同。

哈佛大學作為全球頂級學府，一直強調培養學生的自律性，因為在複雜多變的社會環境中，只有懂得自律的人才能脫穎而出，成就王者風範。如果缺乏自律，不知道在什麼時候應該做什麼事情，自然無法安排好自己的週末，最終患上「星期一症候群」。

那麼，如何才能化解「星期一症候群」呢？以下五個方法可供參考：

1. 合理安排週末活動

妥善安排週末的活動，過完忙碌的一週，我們正需要好好地休息。尤其是工作日前一天晚上，千萬不能熬夜得太晚，這樣能夠確保我們在次日的工作中精力充沛。工作之餘，我們可用這些時間去和朋友聚個餐、看望一下父母親戚，而不是徹底地放飛自我玩耍，否則我們就會覺得週末甚至

過得比平時上班還累。

2. 運動能讓人充滿活力和熱情

當我們全身心投入到運動之中時，可以讓我們暫時忘記身邊的麻煩瑣事。你不妨在早上起來時，稍微活動一下身體，出去跑跑步或者在家裡做做操，讓自己的心靈和身體真正甦醒。在運動的過程中，我們也能釋放壓力和一些不良情緒，經常運動也能降低一些慢性病發生的機率。

3. 早餐必不可少

一頓好的早餐能讓我們在上午的工作裡快速進入狀態，所以，每天都不能忽略早餐，而且要認真搭配。根據醫學研究，早上吃低脂肪、高蛋白質的食物是最好的。蛋白質能夠增加腎上腺素的分泌，讓人注意力集中，而低脂的食物也能減少身體的負擔。但到了中午，就好好吃一頓為自己的身體打打氣吧。

4. 適當的休息可以放鬆身心

忙碌的工作之後，一些放鬆活動可以幫助我們快速消除工作帶來的疲憊感。

我們可以坐在沙發或躺椅上，將休息的信念傳遞到身體的各個部位。這個時候，大腦什麼都不要想，可以再聽一些輕音樂，讓自己小睡一會或者做眼睛保健操。在身體鬆弛之後，伸個懶腰活動活動筋骨，或者吃點小零食喝杯咖啡，將元氣補滿。

5. 週日提前入睡

充足的睡眠是工作能夠有序進行的條件，有些人習慣了在假期晚睡，

或者白天比較興奮，到了晚上根本睡不著。這時，我們不妨嘗試提前 35 到 40 分鐘躺在床上，閉上眼睛冥想一下，或者洗個澡放鬆一下，這樣能幫助我們盡快入睡。如果你有賴床的習慣，不如在晚上提前做好第二天的準備工作，這樣能縮短我們早上的準備時間，讓我們在第二天睡醒時不那麼緊張。

利用回饋環，實現從自制到自律的跨越

「回饋環」原本是物理學中的概念，指兩個以上的回饋點所形成的回饋迴路。根據回饋環的方式，又可以分為「正回饋環」和「負回饋環」。

簡單來說，「正回饋環」就是強化自身的行為，「負回饋環」就是收斂自己的行為。

如果將「回饋環」的概念放在人類身上，同樣容易理解：「回饋環」就是兩個以上的人對我們提出的各種回饋。

正回饋環就是那些給予我們正面評價的人，透過他們的回饋，我們認識到自身的優勢以及自身行為的正確性，從而不斷強化自己的這些行為。負回饋環則是指那些提出意見和建議的人，透過他們的回饋，我們了解到自身的不足，開始收斂自己的行為……無論是正回饋環，還是負回饋環，都能幫助我們更好地自省、更好地自制，進一步實現從自制到自律的進步。

哈佛商學院的克萊頓·克里斯坦森（Clayton Christensen）教授曾寫過一本暢銷書《你要如何衡量你的人生？》，（*How Will You Measure Your Life?*）書中提出了一個很重要的人生問題：從自律到幸福的唯一捷徑是什麼？

克萊頓·克里斯坦森曾五次榮獲「麥肯錫最佳論文獎」，還被《哈佛商業評論》排在「當代五十名最具影響力的商業思想家」排行榜的第一名，與此同時，他還是一位暢銷書作家。2010 年，身患癌症的他在哈佛畢業典禮上做了一次精彩的演講。《你要如何衡量你的人生？》就是以此為基礎創作出來的。克萊頓·克里斯坦森希望在自己直面死亡的過程中，能夠將工商管理碩士課程理論運用到人生規畫及生活中。

在《你要如何衡量你的人生？》一書中，他把一個人成功的基礎放在

自律上，從自律到幸福生活的過程則需要三個步驟：追求事業成功，家人、朋友關係和諧以及堅持正直的品格。

《你要如何衡量你的人生？》一書最與眾不同的地方，就是教會我們如何進行思考，而不是告訴我們答案是什麼。一個人應該擁有怎樣自律的生活準則？如何將自律轉化為幸福？這些問題都需要自己去尋找，用克萊頓·克里斯坦森的話來說就是：「解決生活的基本問題並不存在所謂的特效藥和快速方法。」從自律到幸福的正確途徑究竟是什麼？還需要自己去思考。

生存的第一大難題就是如何克服自我障礙並且養成自律的好習慣。但人通常無法看清自己，無法對自己做出客觀、公正的評價。因此，每個人都需要他人的回饋，需要眾人形成一種「回饋環」，這樣才能看清自己，才能實現從自制到自律的轉變。

回饋不僅是人際溝通中的重要環節，更是管理學的重要課題。

《哈佛商業評論》上曾經刊登過一篇文章〈回饋的謬誤〉。文章中指出了一個很重要的問題：究竟什麼才是最好的回饋方法呢？文章中明確指出，大多數的回饋不僅不會幫員工做得更好，反而會為他們的發展帶來阻礙，為什麼呢？

因為回饋者給出的評價或建議，僅僅是他的「個人看法或個人經驗」，並不一定適用所有人。而且，在回饋過程中，回饋者更傾向於評價自己，而不是評價對方。

如果站在尋求回饋意見者的位置上來說，得到情緒化的回饋或者遭遇負面評價時，他們往往難以接受和消化。哪怕有時該回饋是正確的，他們也只想逃避，更不可能做出改變。

現實生活中，你是否也有過這樣的經歷？在請教完他人之後，反而更

加迷茫了。

那麼，什麼樣的回饋才是最正確、最有效的呢？

《回饋的謬誤》中說道：好的回饋不是指出對方的缺點或者直接教對方怎麼做，而是激發他調動自己獨特的才能去推動事情的進展。具體說來，好的回饋有三大特徵：

特徵一：能夠調動你的樂觀情緒

正在尋求回饋的人，通常有問題需要解決或者正處於困境之中。對他們來說，能夠調動他們樂觀情緒的回饋，才是好的回饋。因為只有先讓他們產生樂觀的情緒，才能促使他們更樂於接受全新的解決方法甚至是一些負面的回饋。

特徵二：能夠幫助你回溯過去，找到問題根源

如果問題難以解決，回饋者也沒有更好的建議，那麼可以讓尋求回饋的人回憶過去的經歷 —— 以前遇到類似的問題，是如何解決的？比如具體的想法與行動。這樣的回饋能夠幫助他們找到問題的根源，也能夠幫助回饋者更全面地看待問題。

特徵三：能夠提前設想結果，導向行動

當尋求回饋的人不知道下一步應該做什麼的時候，回饋者可以根據自身的經驗，讓他們提前預想結果，並以此作為行動指南。這時候的回饋者是以「過來人」、「帶路者」的身分提出建議和意見，這些意見和建議也更容易被認可、被接受。

總之，面對他人的回饋意見，不能「照單全收」，而要學會分辨 —— 哪些回饋是公正客觀的，是對自己有益的；哪些過於主觀，不必太過在

意。在眾人形成的「回饋環」中，我們才能夠更好地認清自己的優勢與不足，從而更好地實現從自制到自律的跨越。

第 10 章

保持危機感，「可預見的結果」才是成功的真正起點

Training
Basic Logic

投資未來與忠於現實並不衝突

　　每年入學季，哈佛大學都會迎來無數考生。對於面試官來說，這些考生的成績優異，各方面能力也傑出，想要對他們進行「優勝劣汰」，甄選出最終的「幸運兒」，實在不容易。

　　不過，在眾多評測項目中，面試官尤為看重學生有沒有長遠的眼光、是否懂得投資未來、是否有明確的投資方向。也就是說，面試官想知道學生有沒有及早地設定自己的人生目標。如果沒有人生目標，又如何去規劃自己的人生？如何一步步走向成功呢？

　　面試官之所以很看重這一點，是因為多年前哈佛大學做過的一個實驗：

　　有一年，哈佛大學送走了一批「特殊」的畢業生。

　　他們擁有相差無幾的智商、學歷、出身以及教育背景。他們的「特殊」之處在於走出校門前，哈佛大學對他們進行了一次關於人生目標的調查。

　　調查的結果顯示：有 27% 的畢業生沒有目標；60% 的畢業生擁有模糊的目標；10% 的畢業生有清晰但短期的目標；只有 3% 的畢業生擁有清晰且長遠的目標。

　　時間過了 25 年，哈佛大學再次對這批「特殊」的畢業生進行追蹤調查，結果顯示，那 3% 擁有明確且長遠目標的畢業生，且在 25 年間朝著同一個方向不懈努力後，幾乎都站在了社會的頂層，其中不乏行業菁英和政壇領袖；那 10% 擁有清晰但短期目標的畢業生，大多數成為各行各業的專業人才，他們站在社會的中上層；那 60% 擁有模糊目標的畢業生，大多安穩地工作與生活，並沒有什麼突出的成就，站在社會的中下層；而

那 27% 沒有目標的畢業生，生活中始終沒有找到目標，過得很不如意，經常怨天尤人。

這批「特殊」的畢業生走出校門時，差別不大，但經過 25 年的磨練，卻站在了不同的社會階層，為什麼呢？答案就在於目標 —— 有人善於投資未來，擁有明確且長遠的目標；有人卻很盲目，目標模糊，甚至沒有目標。

可見，只有那些目標明確且長遠、懂得投資未來的學生，才能得到哈佛面試官的青睞。一個人能否早早起床、能否堅持讀書、能否努力工作、能否朝著正確的方向前進，都和自己擁有怎樣的目標息息相關。

如果有明確且長遠的目標，對未來有所規畫，便能一步步超越自我，不斷靠近成功；相反的如果目標模糊，甚至沒有目標，則會陷入一種空虛無聊的境地，每天不知道要做什麼，對未來也一無所知。因此，你要像哈佛一部分學子一樣，有目標、有方向，懂得投資未來。

1. 長遠目標會成為人生的「導航」

無論一個人擁有怎樣的夢想，想要成為怎樣的人，想要做什麼事情，都應該擁有明確的長遠目標，對自己的未來有所規畫，知道自己應該朝著什麼方向前進。

長遠目標不是空洞的口號，或者不切實際的夢想，而應該具備實現它的基本條件。長遠目標也不是一成不變的，而是跟著自己的能力變化而變化、跟著環境的變化而變化、跟著趨勢的變化而變化，比如國中時替自己定下的目標是考上好的高中；高中時為自己定下的目標是考上頂尖的國立大學……這樣改變目標，不斷進步，不斷成長。

有了長遠目標，才能朝著正確的方向前進，才能自我提升和自我進步。因此，要學會替自己制定一個長遠目標，然後將它分解成若干個階段

性目標 —— 這些階段性目標可以不斷更替交疊,每達成一個小目標,都能夠獲得成長的動力,並且時常獲得達成目標的成就感。

2. 短期目標讓你忠於現實、穩步前行

美國管理大師拿破崙·希爾(Napoleon Hill)曾經說過:「目標,必須是明確而具體化的。」

大多數人在面對較大、較難的長遠目標時變得迷茫,不知道如何下手,甚至望而卻步。這時候,如果能夠利用目標分解法,將長期目標分解成若干個階段性目標,比如中期目標、短期目標以及每週、每天的小目標,執行起來就會變得容易很多。

那麼,應該如何為自己制定階段性目標呢?方法很簡單,就是將大的總目標,分解成若干個分目標,比如大的總目標是「期末考試成績進入前3名」,那麼分解成若干個分目標可以是「半學期之內每門學科分數達到90分」、「一個月內需要完成哪些讀書計畫」、「一週之內需要掌握多少知識量」、「今天要學好哪些課程」、「一節課上要答多少題目」等。

從每天的小目標做起,一步一個腳印,逐步完成每週的目標、短期目標、中期目標和總目標,這樣化繁為簡的目標遞進法,更能提升讀書效率,不易產生懈怠的情緒。

不過,每個人的時間和精力都十分有限,因此要制定數量有限的階段性目標,比如列出十幾個重要的階段性目標之後,還必須根據目標的優先順序進行排序,要確保最先完成最重要的目標,用最少的時間和精力換回最大的產出,而不是毫無重點的盲目努力。

另外也要明白:階段性目標的動力和指南都來自於長遠目標,所有的階段性目標都是為長遠目標鋪路的。如果發現自己正在做的事情與長期目標相悖,就要及時進行調整,這樣才能沿著階段性目標,一步步靠近最終

的長遠目標。

俗話說：「凡事預則立，不預則廢」，這句話說的就是制定目標的重要性。有了明確的長遠目標，對未來有所規畫，才能朝著正確的方向邁進，不斷自我提升和自我進步。

美國作家梅格·傑伊（Meg Jay）在《20歲，光陰不再來》（*The Defining Decade: Why Your Twenties Matter*）中寫道：「20到30歲這個區間，是人生決定性的十年，如果你想少走彎路，步入中年後不為過去的青春時光後悔，我們就必須刻意經營，加上一些有用的諮詢……」這正是現在年輕人所缺少的東西──人生規畫。

其實，對那些早早起床、奔走在奮鬥路上的人來說，投資未來和忠於現實並不衝突。他們有明確且長遠的目標，有良好的人生規畫，每向前走一步，都是在投資未來；他們也有自己的階段性目標，這些目標告訴他們，現在應該做什麼，這樣才忠於現實。

哈佛面試官所青睞的，正是這種既懂得投資未來又忠於現實的學生。

只有 1% 的人能看到明天會發生什麼

如果有人問你：明天會發生什麼，你會如何回答？

明天，對任何人來說都是一種未知。誰都無法完全、絕對、確切地說出明天會發生什麼，因為很多事情都存在一定的「變數」，而任何一點改變都會影響到「明天」。

這個世界上恐怕只有 1% 的人能看到明天會發生什麼。這源於他們自身的能力，源於他們對事物、對時間的掌控感；剩下 99% 的人，對「明天」則存在著更多的不確定性 —— 他們能夠預測明天會發生一些事情，但「不確定」的事情更多。

美國作家布羅克曼（John Brockman）寫過一本名為《未來 50 年》（*The Next Fifty Years*）的暢銷書。書中匯集了世界上最有遠見的科學家們未曾發表的 25 篇文章，文章的內容包含對未來 50 年的天體物理學、數學、心理學、電腦技術的預測。關於未來 50 年，世界會發生怎樣的變化，你能想像得出來嗎？

《未來 50 年》中有一篇文章「預言」：未來 50 年可能會誕生「非生物智慧」，也就是肉體與機器的結合體，這種天馬行空的想像卻是有一定的科學依據的，並非天方夜譚。

關於未來，人們只能去想像、去推測，卻難以給出確切的定論。因為不可定論，所以就有了各種可能性。什麼是可能性呢？就是事物發生的機率，包含在事物之中並預示著事物發展趨勢的量化指標，是客觀論證，而非主觀驗證。對我們每個人來說，未來存在各種可能性，甚至連明天會發生什麼，我們都不敢輕易斷言。

「明天」既是美好而充滿希望的，又是殘酷而充滿不確定性的。

　　我們可以抱著對明天的憧憬，早早起床，努力奮鬥；但我們又不得不做好「萬全的準備」，應對隨時可能發生的「意外情況」。有句話說得很對：誰都不知道明天和意外誰先來臨。

　　這不是一種杞人憂天的想法，而是一種憂患意識、一種危機管理能力。

　　有一個成語叫「未雨綢繆」，它說的是一隻雲雀和一隻鷗鶴的故事：

　　夏至的一天，陽光從樹葉間灑落下來，鷗鶴躺在樹枝上晒太陽，雲雀卻在補巢。鷗鶴覺得很好奇，就問雲雀：「今天的天氣多好啊！陽光明媚，晴空萬里，你不來享受這美好的時光，去做那些毫無意義的事情幹嘛呢？」

　　雲雀說：「我也很喜歡這樣溫暖的陽光，也希望以後每天都是這樣的好天氣，可是天有不測風雲，夏季多雨，如果突然下雨了怎麼辦呢？所以，在晴天我也想先鞏固我的巢穴，做好最壞的打算，這樣才不會有後顧之憂……」

　　鷗鶴認為雲雀完全是想多了，外面天氣這麼好，又怎麼會下雨呢？傍晚時分，天空中突然湧來許多烏雲，不一會兒便是狂風暴雨。

　　鷗鶴慌亂地回到自己的窩裡，發現巢中到處都是破洞，到處都在漏雨，自己的孩子也被淋成了落湯雞。雲雀卻不慌不忙，因為自己的巢穴十分穩固地掛在樹枝間，滴水不漏。

　　由於雨勢越來越大，鷗鶴的巢很快被洪水沖走了。牠哭喪著臉對雲雀說：「我現在無家可歸了！」

　　雲雀回答：「誰叫你不知道要未雨綢繆呢？」

　　現實生活中，幾乎人人都聽過這個關於雲雀和鷗鶴的故事，可並不是人人都擁有雲雀那樣的憂患意識。當「明天」變成一個未知數的時候，如

果像鷗鷯一樣，只懂得享受當前的安逸而看不到事物的長遠發展，只看到希望而看不到危機，最後只會一敗塗地。

相反的如果能夠在「明天」的各種不確定性中保持「未雨綢繆」的心態，凡事做好最壞的打算，才能有備無患，積極地面對每一個充滿未知與可能性的「明天」。

一個詩人說：「從明天起，做個幸福的人，餵馬、劈柴、環遊世界；從明天起，關心糧食和蔬菜……」對於明天，我們應該像他一樣充滿希望、充滿憧憬，朝著自己的夢想前進。同時，也要懂得未雨綢繆，在抱著最大的希望的同時，也要做好最壞的打算。

這樣，當「意外」發生時，我們才能不慌不忙、從容應對。

過於樂觀的幻想，反而會消解行動力

長期以來，教育界都重視培養學生的樂觀精神。因為樂觀的心態，確實能給很多人帶來益處，比如相信事情會往好的方面發展，相信未來充滿希望，相信夢想可以成真……這樣積極的心理暗示，往往會讓我們擁有積極的心態與行動，最終得到更好的結果。

哈佛大學公共衛生學院的專家指出：「樂觀與健康之間的關聯已經變得越來越明顯了。較樂觀的人能夠更好地調節自己的情緒和行為，並更有效地從壓力和困難中恢復。」10 年間她隨訪了 69,744 名女性，對 1,429 名男性隨訪了 30 年，分析了各種資料之後，才得出了這樣的結論 —— 保持樂觀有助於人長壽。

這不就是俗話所說的「笑一笑，十年少」嗎？

樂觀是一種心理特徵，指的是對事物的整體期望偏向正面，比如相信好事肯定會發生在自己身上，相信自己一定能夠戰勝困難、走出困境等等。這樣的積極心理暗示，確實對我們大有好處，至少能夠給我們帶來心理上的安慰與行為上的激勵，但凡事過猶不及 —— 如果一個人總是抱著過於樂觀的幻想，反而會消解行動力，最後變成「溫水裡的青蛙」。

十九世紀末，美國康乃爾大學做過一個著名的「溫水煮青蛙」實驗：實驗者把青蛙放在溫水中，青蛙優哉遊哉地遊蕩，最後在緩慢升溫的水中安然死去。這個實驗也告訴我們一個道理：人不能過於樂觀，而要有一定的「危機感」。

為什麼有些人會過於樂觀呢？主要原因有以下兩點：

1. 過度自信

　　人應該有自信地活著，但不能自信過頭了，否則會讓自己變得盲目。在現實生活中，很多人會自信過頭，高估自己完成任務的能力，而且這種高估會隨著人在任務中的重要性而增強，其中多數人會對未來事件抱有不切實際的樂觀。

　　心理學家早在 1987 年便發表論文指出：「人們期望好事情發生在自己身上的機率高於發生在別人身上的機率，甚至對純粹的隨機事件抱有不切實際的樂觀主義。」

2. 確認偏誤

　　什麼是「確認偏誤」呢？就是人傾向尋找和自己信念一致的意見和證據。比如有一個人喜歡看柯比打籃球，並且對柯比所參加的每一場比賽都充滿信心，就算柯比哪次比賽失誤了，他也會找到各種證據為柯比辯護，而不會尋找與自己觀點相悖的證據。這種行為就是「確認偏誤」，它會讓人過度盲目，因為它只讓人看到對自己有利的資訊，讓人們更加樂觀地相信自己的判斷，而不去思考事實到底是什麼。

　　所以，無論讀書、工作或者做其他事情，都應該對資訊保持客觀公正的分析能力，不過分樂觀，也不過分悲觀。同時，在「漸變」的環境，或者看似不變的舒適區中，還應該保持一定的危機感，這樣才不會變成溫水裡的青蛙。

　　什麼是危機感呢？危機感就是事態令人感到危險，感覺到有事物威脅到自身，並為此緊張。當危機感來臨的時候，我們必須對現狀做出改變，鼓起勇氣，迎接挑戰。尤其是在「生死存亡」的危機感面前，人的潛能更容易被激發，人的勇氣也會暴漲，甚至會無所畏懼。

　　哈佛商學院教授有句名言：「二十一世紀，沒有危機感是最大的危

機。」

　　在瞬息萬變的現代社會，競爭無處不在，無論你是學生，或是已經在工作了，都多多少少會產生危機感。因為身邊的人都在努力奔跑，如果稍有鬆懈，就有可能被社會淘汰。

　　危機感不僅會帶給人們壓力，也會帶給人們動力。如果過於樂觀，沒有危機感，人就不會努力奔跑，對事業和生活就會失去興奮感，就容易讓人安於現狀，不思進取，失去創造力。

你喜歡搶占先機，還是後來居上

明代的一部箴言集《增廣賢文》中有一句話：「莫道君行早，更有早行人。」

這句話用現代人的語言來說就是：別說你很早出發，還有比你更早的人。當今社會競爭激烈，如果不懂得先行一步，搶占先機，隨時都有被淘汰的可能。而且，今天你落後一步，明天就需要用兩步去追趕。

千百年前的古人都知道，成功屬於先行一步的人，古代戰場上也講究「以快制勝」。現代人不比古代人聰明嗎？面對龐大的競爭壓力，唯有搶占先機，才能從千千萬萬的競爭者中脫穎而出。比如同一家公司裡的員工，學歷、能力可能都相差無幾，但到月底或季末查看業績時，總有人領先，也有人落後。為什麼會產生這樣的差距呢？答案就是，有人先行一步，搶占先機；有人更加努力，也更加勤懇。

天道酬勤，勤能補拙。機會永遠留給有準備的人，而不是整天賴床的人。

哈佛學子也懂得「搶占先機」的道理——當他們有了自己的目標之後，會立刻執行，讓自己快人一步，因為他們知道，半點拖延都有可能讓自己落於人後。

現代社會競爭越來越大，誰能成為時間的主人，能在最短的時間內獲得最大的效益，誰就是人生的贏家；誰能比別人快一步，把時間的功用發揮到極致，誰就擁有了行動的主動權。

思科總裁錢伯斯（John Chambers）提出一個著名的「快魚法則」，他在談到現今經濟的發展規律時說道：「現代社會的競爭已經不再是傳統的『大魚吃小魚』，而是『快魚吃慢魚』。」

　　如果你是一條「慢魚」，就必須從現在開始加快自己的速度，否則只會被身邊的「快魚」吞食。想要獲得進步與成功，就要學會快人一步。那些能夠將競爭者比下去的人，其實並沒有什麼絕招可言，他們只是在競爭者出手之前，在時間上比競爭者快了一點而已。這也是哈佛人的制勝絕招──總比別人快一步，總比別人更優秀！

　　《增廣賢文》裡還有一句話：「先到為君，後到為臣。」

　　在這個「快者為王」的時代，最出色的人往往都能夠快人一步。早起的鳥兒有蟲吃，「先到先得」是亙古不變的真理。只有比別人更加努力，快人一步，搶占先機，才能獲得更大的成功。要知道，能夠被銘記的只有「第一」，沒有「第二」。

　　在國際體育賽場上，人們的目光只會聚集在冠軍身上，很少有人會去關注亞軍或季軍；人們都知道第一個登上月球的人是阿姆斯壯，可是第二個、第三個登上月球的人是誰呢？

　　無論你的夢想是大是小，都應該學會搶占先機，成為最出色的人，而不是想著後來居上，透過捷徑超越別人。世界上能夠後來居上的人並不多，如果後行者真的超越了先行者，那麼他肯定也付出了加倍的努力。因為在時間上落於人後，就必須在行動上更加努力。

　　當然，「快人一步」並不是衝動和盲目。我們既追求效率，更要追求品質。在努力奮鬥的過程中，要根據計畫的執行進度和執行情況進行反思。比如「今天我完成了哪些讀書目標？」、「這一週我的成績提升了多少？」、「我離自己的終極目標還有多遠？」等。

　　這樣的反思能夠幫助我們進行自我檢視，讓我們更好地掌握自己的執行力，即自己在一定的時間內可以做多少事情、是否到達了極限、有沒有提升空間等等。哈佛大學流傳著這樣一句富有哲理的話：「種一棵樹最好的時間是十年前，其次是現在。」

　　為什麼很多人的夢想都在時間的長河裡擱淺了？因為沒有執行，沒有早起，沒有快人一步，更沒有別人努力。所以，夢想都擱淺了，都被自己的競爭者所碾碎了。

　　作家克雷洛夫曾經說過：「現實是此岸，夢想是彼岸，中間隔著湍急的河流，行動則是架在河上的橋梁。」當人生遭遇湍流，你還能勇敢地面對嗎？夢想的好處是能增加人對生活的熱情，使你在接受考驗的時候，還能為了夢想而勇敢面對現實。然而，除非我們以理想為基礎，先行一步，搶占先機，否則，任何美好的夢想都是難以實現的。

　　在充滿競爭的新時代，只有「快魚」才能搶占先機，才能脫穎而出。

洞悉潛在自我，成為自我覺醒的第一批人

美國著名作家大衛‧福斯特‧華萊士（David Foster Wallace）講過這樣一個富有哲理的小故事：

兩條年輕的魚在水中快活地游動。這時，一條老魚游了過來，打招呼說：「早安，孩子們，這水怎麼樣？」兩條年輕的魚尷尬地笑了，問老魚：「什麼是『水』？」

回到現實中，很多人不都是生活在「水」中，而不知「水」嗎？

孩子的生活就是每天早起去學校，讀書、讀書又讀書，偶爾可以和其他小朋友玩玩遊戲，在一堆作業中度過自己的童年；成年人就是早起去公司，工作、工作又工作，偶爾休假聚會，第二天又得周而復始，重複同樣的生活……

無論是孩子還是成年人，都很容易在周而復始的生活中，形成無意識的慣性：無意識地生活、工作和讀書，無意識地翻開作業，無意識地打開手機……這種無意識的狀態，就像長時間生活在水中的魚一樣，已經不知道水是什麼了。

有句古詩云：「不識廬山真面目，只緣身在此山中。」

如果一個人沒有「自我覺醒」，那麼他就看不清自己，也看不清這個世界，更不知道自己在這個世界中所處的位置、所存在的意義。唯有自我意識的覺醒，才能讓人認清自我、看清這個世界，否則將永遠「不識廬山真面目」，永遠活在「不自知」的狀態中！

那麼，我們應該如何洞悉潛在自我，成為自我覺醒的第一批人呢？

哈佛大學醫學博士丹尼爾‧席格（Daniel J. Siegel）在《和孩子一起說好！》（*The Yes Brain*）中提出一個觀點：有的孩子能夠自覺又主動地讀書，

是因為他們具有一個「開放式大腦」。它能夠幫助孩子自我覺醒，主動投入到生活與讀書之中，真誠而充分地做「自己」。

什麼是「開放式大腦」呢？丹尼爾·席格解釋說：所謂「開放式大腦」，就是孩子能夠洞悉潛在 —— 知道自己是誰、自己可以成為誰；能夠意識到自己有能力克服困難與挫折，從而自覺地去過富有意義的生活；他們主動學習、主動創造、主動進入自我角色之中。

「開放式大腦」具有以下四種特質：

一、 復原力：在遇到困難、遭受挫折和打擊之後，能夠重新振作起來的能力。

二、 平衡力：能夠管理好自己的情緒與行為，不讓自己心理和身體失去平衡的能力。

三、 共情力：理解他人觀點、關心他人、在適當的時候採取行動、改善現狀的能力。

四、 洞察力：洞悉潛在自我，對自我有一個客觀、全面、正確的認知的能力。

以上四種特質，能夠幫助我們成為「自我覺醒」的第一批人。

我們知道，一個人對另一個人的認知、觀點、看法，往往偏重主觀。我們如何去看待某個人、某個事物，取決於我們的看法；這個人、這個事物會讓我們產生怎樣的思考、怎樣的情緒反應則取決於我們的想法。只有「自我覺醒」的人，才不會沉溺在主觀世界裡而無法客觀地看待事物。世界上每個人都有自己的看法和想法，正如卡內基在《人性的弱點》中所說的那樣：「有兩個人從鐵窗朝外望去，一個人看到的是滿地泥濘，另一個卻看到滿天的繁星。」

同樣的風景，不同的人看到不同的意義；同樣的事物，不同的人擁有不同的看法。

　　世界就像一面鏡子，我們能夠透過它看到自己的內心；「自我覺醒」也是一面鏡子，透過它我們能夠看到整個世界。那麼，如何才能「自我覺醒」呢？

　　首先應該明白，我們對外界的看法，會影響我們的認知、我們的思考方式和行為方式。看法是如何產生的呢？它是知識累積的結果，也是我們對善惡對錯的抉擇。每個人對外界事物都有自己的看法，但不會偏離道德、人性的範疇。

　　其次，我們對自己的看法，會影響自我認知，也就是如何認識自己。自我認知又包括自我觀察和自我評價。自我觀察是指對自己的感知、思考和意向等方面的覺察；自我評價是指對自己的想法、期望、行為及人格特徵的判斷與評估，這是自我調節的重要條件。

　　「自我覺醒」是一個哲學概念，指的是「內在自我發現、外在創新的自我解放意識」。

　　自我發現也就是自我認知，包括自我觀察和自我評價。自我觀察也叫自我內省法，是由德國心理學家威廉·馮特（Wilhelm Wundt）提出的一個心理學概念，他認為自我觀察是對自我所感、所知、所思、所想、情感、意向等內部經驗感受的觀察和分析，即「認識自己」。自我評價比較好理解，就是自己對自己的思想、願望、行為和個性特點的判斷和評價。

　　人們常說「自己才是生命的主宰」。一個人擁有了「自我覺醒」的能力，便能認清自我、認清世界，便能找準自己的定位，掌控自己的人生。

在行動之前，預判他人的預判

　　很多人從小接受的教育就是，要成為一個「立即行動」的人，因為「行動比思考更重要」、「實踐永遠大於思考」。但人們忽略了一個很重要的問題——行動都有一個前提，那就是思考足夠充分。想要克敵制勝，就要預判他人的預判，在行動之前有周密的計畫。

　　從神經學的角度來說，我們所採取的任何行動，都是大腦思考過的。哪怕一個簡單的肢體動作，也是大腦發出行動指令，透過神經傳導給四肢的。只不過，思考有深淺之分——有些行動簡單而機械化，不需要我們過多思考；有些行動則十分複雜，需要我們再三思考。如果在進行一些複雜的行動之前，缺乏深度思考，最後的結果可能會很糟糕。因為思考是行動的指南，缺乏思考便立刻付諸行動的人，就像無頭蒼蠅一樣，會立刻失去方向，四處亂撞。

　　「立刻付諸行動」必須有一個前提，就是思想做好了準備，否則就會顯得衝動、魯莽、有勇無謀。相反的如果在付諸行動之前，進行深度思考，才能確保行動不容易出錯。

　　行動固然重要，但是在出發之前，我們更應該認準前進的方向，在腦海中繪製好行動的「路線圖」，真正地做到胸有成竹。想要做到這一點，精準的判斷力必不可少。

　　哈佛「核心課程」的設計者亨利·羅索夫斯基（Henry Rosovsky）曾說：「一個受過良好教育的人，具有明智的判斷力和抉擇力；具有豐富的生活經驗，對世界各種文化及時代有深刻的認知。」

　　在亨利·羅索夫斯基看來，培養學生精準的判斷力十分重要，它能夠幫我們快速找到解決問題的出口，讓我們正確地辨別事物的真假，做出最

合理的決策。

　　什麼是判斷力呢？就是一個人對某個事物的真假、好壞、善惡的分析和抉擇的能力。它也是人面對現實採用什麼樣的態度和表現出什麼樣的行為方式的決定因素。比如我們在學習中需要判斷力，對某個問題的答案進行分析和抉擇，透過判斷來選擇最正確的答案。

　　如果判斷力不足，則會為我們的課業、工作、生活帶來諸多影響，比如判斷力不足導致我們無法正確辨別資訊的真偽，在讀書時遺漏或偏信某些知識資訊，在生活和工作中分不清輕重緩急，甚至不分青紅皂白，更無法對事物做出準確的預判等等。

　　我們在對某個事物進行判斷之前，需要蒐集資訊，資訊足夠多了以後再透過以下幾種方式做出判斷：一是透過自己所學到的知識、經驗做出判斷；二是透過以往的經歷做出判斷；三是隨著事物的變化，不斷修正資訊做出判斷。無論以哪種方式進行判斷，都離不開三大要素，那就是大腦、知識和資訊。有些人判斷力不足，無法預測事物的發展，無法預判他人的預判，往往就是自己的知識結構不完善，抑或資訊不足導致的。

　　所以，我們要學習更多的知識，不斷擴大大腦的認知，同時也要培養大腦的思考能力。這樣才能讓自己擁有精準的判斷力，對事物發展也有一個更精準的預判。

　　學習設計的朋友都知道，現在行業內比較盛行的觀點就是：在產品設計研發之前，最重要的是做出「快速原型」。也就是說，不用思考太多，而是應該先把「樣品」做出來，這樣更有利於靈感獲取。如果僅僅是貪圖省事而放棄思考，或者因為「在某本書裡看到這樣的觀點」、「某位學者曾經這樣說過」而貿然採取行動，可能會漸漸失去深度思考的能力以及精準的判斷力。

　　在行動之前，先要學會預判，這樣才能真正做到胸有成竹。

緊迫感是一種正向的「壓力連鎖反應」

每個人都喜歡待在自己的舒適區裡，因為它能將我們的不確定性、匱乏感和緊迫感都降到最低，並且讓我們「自以為」擁有足夠多的愛、食物以及時間⋯⋯

只要人們走出自己的舒適區，就會感到不舒服、不習慣、不安全。一個人長時間待在自己的舒適區裡，就會像溫水煮青蛙裡的那隻青蛙一樣，對自身的能力、狀況和環境產生錯誤的認知，更無法識破被美化、被掩蓋的生活真相；不再敏感於時間的流逝，對未來沒有任何展望，安於現狀並且自我滿足；漸漸有了習慣性的行為模式和慣性思維，越來越缺乏緊迫感⋯⋯久而久之，人的意志也會被消磨，最終走向頹廢、灰暗的人生。

哈佛商學院教授約翰·科特（John P. Kotter）在《緊迫感》（*A Sense of Urgency*）一書中寫道：「緊迫感是多變經濟形勢下的核心生存能力。能夠做得出色的組織無疑都具備一種寶貴的要素 —— 緊迫感。真正的緊迫感是領導變革和應對危機的關鍵，卻沒有人發現它。」

緊迫感可能會讓人感覺不適，甚至帶給人們壓力，它卻能帶給我們一種正向的「壓力連鎖反應」。正如哈佛「幸福學」導師塔爾·班夏哈博士在「積極心理學」課堂上所說的那樣：「壓力本身並不是問題，適當的壓力對我們甚至有益處。」塔爾·班夏哈博士明確指出，適當的壓力可以培養我們的忍耐力，讓我們學會調整作息，從而更好地應對危機。比如我們在健身過程中，肌肉也在承受一定的壓力，甚至會讓肌肉纖維在一定時間內被撕裂，然後透過吃一些富含蛋白質的食物，讓撕裂的肌肉再生長出來，並且比以前更加強壯。這便是肌肉承受壓力後的變化，長時間撕裂、補充和生長，讓我們獲得更加強壯的肌肉，以及更加完美的身材。

　　壓力作用於我們的精神的時候，其實也是同樣的道理，壓力讓我們的大腦去應對問題，再透過解決問題獲得更強的能力。但是去過健身房的人都知道，天天練習只會造成肌肉拉傷，反倒是隔天一練或隔兩天一練才能獲得效果。只有過大、過頻的壓力才會壓垮我們，沒有時間恢復，才是造成我們憂鬱、焦慮、心理不適的罪魁禍首。

　　可見，緊迫感帶來的適當壓力，可以磨練人的意志，鍛鍊人的能力，讓人不斷進步。

　　相信很多人都看過電影《少年 Pi 的奇幻漂流》。電影的主角是一位少年。在一次海難中，他的家人全部喪生，而他只能依靠一條救生船在大海上漂流。生存的緊迫感縈繞在他的心頭，而且他愕然發現，救生船上居然還有一頭凶猛的孟加拉虎。少年與老虎之間發生過衝突，也有過妥協，鬥志又鬥勇。少年的生命時刻處於危機中，只要一個不小心，他便會葬身於虎口。然而，正因為老虎帶來的緊迫感與危機感，才讓少年時刻保持警惕和鬥志，他在大海上漂泊了 227 天，最終獲救。

　　如果沒有老虎的威脅，或許少年早就淹沒在茫茫的大海之中了！

　　現實生活中，人們總喜歡待在自己的舒適區裡，而不願意走出舒適區，去面對改變、挑戰和緊迫感。雖然人人都知道「生於憂患，死於安樂」的道理，但更多人更喜歡待在自己舒適而安全的小世界裡。如果不願意承受緊迫感帶來的壓力，又如何戰勝自我，一步步邁向成功呢？

　　每到開學季，哈佛大學的校報都會對剛入學的新生進行一次詳細的問卷調查，主題不拘一格，從科學、政治、歷史，到文學、藝術、興趣日常。2019 年秋季入學期間，哈佛校報便收集了 1,064 名新生的資料以及問卷，約有 65% 的新生接受了調查，從中所獲取的資料能夠充分顯示出新生的各種特點和心理傾向。除了老生常談的時間管理、讀書計畫等主題，問卷調查還專門測試了學生的「自我要求」，結果顯示有近 80% 的哈佛新

生「自我要求極高」，78.3% 的同學壓力來源是自我期望，來自外界的壓力只占了 12.6%。這意味著，學生的自我要求帶來的壓力遠高於外界給的壓力！

　　雖然哈佛學子每天都要面對繁重的學業壓力，以及「自我要求」帶來的緊迫感，但他們並沒有因此而倦怠，反而獲得了一種正向的「壓力連鎖反應」。適當的壓力，讓他們時刻處於「備戰」狀態，對學習從不掉以輕心。這也是哈佛人的信念：相信自己可以學好，哪怕有一定的壓力！

理性懷疑，才能發現人生的深度命題

哈佛學子善於學習，但對於自己所學的知識，他們不會盲目相信，而是會保持理性懷疑。

哈佛商學院教授、世界頂級思想管理大師庫拉納（Rakesh Khurana）曾經說過：「我希望你們勇於質疑。身為教育者，我們也是這樣做的：常提問，多尋找依據，考慮多方觀點。同時，我希望你們也做個理想主義者，具有質疑精神的理想主義者，但不是一味地憤世嫉俗。多提複雜的問題，並努力對此做出解答。」

「理性懷疑」是哈佛學子普遍具有的學習態度。哪怕是所有人都認同的權威，他們也會理性懷疑。這樣的學習態度，讓哈佛學子的思考十分開闊，他們勇於打破常規，而不會受到慣性思考的影響。哈佛教授也鼓勵學生，對一切事物保持「理性懷疑」的態度。

世界上並沒有絕對的事物，權威也存在一定的局限性 —— 它只能代表前人的經驗總結或者權威人士的一面之詞，而事物時刻在變化，過度迷信權威，只會阻礙一個人的創新能力以及前進的步伐。正如哈佛大學的一位博士所說：「創造性思考有點像思考越獄，打破慣性思維和常規套路，擺脫路徑依賴，把思路從已經久用的方法上移開，需要創造性的重複，從歷史和藝術中尋求靈感，而不只是簡單重複。」

當你對某個事物進行「理性懷疑」時，大腦便已經開始進行創造性思考了。

人類的劣根性之一，就是對權威的盲目服從，有時連自己的選擇都被他人所操控，甚至在不自覺的情況下，做出違背自身意願的決定。大多數人不都是如此嗎？大家所認同的東西，自己也會選擇認同，無論這種認同

是否出於自己的思考。

法國科學家尚 - 亨利·法布爾（Jean-Henri Fabre）曾經做過一個有趣的實驗：他把許多條松毛蟲放在一個花盆的邊緣，使其首尾相接成一圈，然後在花盆旁邊放了一些松毛蟲愛吃的松葉。結果只見松毛蟲圍繞著花盆一圈又一圈地爬，一爬就是七天七夜，最後全數死在勞累和飢餓之中。讓人感到遺憾的是，只要其中一條松毛蟲能夠改變路線，就能吃到花盆旁邊的松葉了。

動物如此「盲目」和「從眾」，那麼，比動物更聰明的人呢？

社會心理學家研究發現，人的心理和行為都很容易受到外界的影響，這些影響包括外界的各種資訊和規則，當然也包括權威的思想與言論。

當我們受到外界人群的影響時，總會透過調節自己的認知和判斷來讓自己表現得更符合大眾的標準。在一般情況下，多數人的意見可能是正確的，但是我們之前已經說過「真理有時候掌握在少數人手中」，所以也會出現多數人都是錯誤的情況。

擁有「從眾心理」的人，都缺乏獨立思考與獨立判斷的能力，也很難分清決定的錯與對，因為在他們看來，大多數人認為的「對」才是真正的對，而大多數認為的「錯」就一定是錯。如果有某種觀點得到「權威」認證，他們更不會提出質疑，只會盲目跟從、信服。

美國耶魯大學的心理學助理教授史丹利·米爾格蘭（Stanley Milgram）對這種情況進行了廣泛而深入的研究，最後得到的結論是：「盲目和不經思考地服從權威，可能會給自己帶來毀滅性的災難。」

史丹利·米爾格蘭教授還明確指出，無論多麼簡單的定論，我們都不能憑藉自己的主觀臆測去做出判斷，哪怕服從權威或者權威效應確實存在，但是在缺少嚴密的實驗研究和理論認證的情況下，仍然不能妄斷其中

的科學性與準確性。

正因為如此，我們才應該讓自己保持「理性懷疑」的態度，更要有「質疑權威」的勇氣。

那些真正實現創新，或者有重大發現的優秀人才，往往能夠打破過去的很多成見。我們可以尊重權威並虛心向權威學習，但是絕不能迷信權威，而應該時刻保持質疑的精神。

當我們用「理性懷疑」的眼光看這個世界時，會發現很多「問題」的存在，對任何「權威」，都能夠持有質疑的態度，而不是盲從。要知道，在科學研究中，可能有 9,999 個想法都不會得到結果，但第 10,000 個想法卻可能改變整個人類的命運。

古人勸誡我們要「博學之，審問之，慎思之，明辨之，篤行之」。意思是說，要讓自己博學多才，要對學問詳細地詢問，要徹底弄明白，要慎重地思考，要明確地辨別，要切實地力行。只有這樣，才能擁有獨立的思考，才能真正地學習到知識，而不是被權威誤導。

對於學問，我們應該保持「理性懷疑」的態度，對於其他事情，也應該如此。

哈佛凌晨四點半：
社會菁英基礎能力的培養邏輯

編　　著：韋秀英

編　　輯：柯馨婷

發 行 人：黃振庭

出 版 者：崧燁文化事業有限公司

發 行 者：崧燁文化事業有限公司

E-mail：sonbookservice@gmail.com

粉 絲 頁：https://www.facebook.com/
　　　　　sonbookss/

網　　址：https://sonbook.net/

地　　址：臺北市中正區重慶南路一段六十一號八
　　　　　樓 815 室

Rm. 815, 8F., No.61, Sec. 1, Chongqing S. Rd.,
Zhongzheng Dist., Taipei City 100, Taiwan

電　　話：(02)2370-3310

傳　　真：(02)2388-1990

印　　刷：京峯彩色印刷有限公司（京峰數位）

法律顧問：廣華律師事務所　張佩琦律師

國家圖書館出版品預行編目資料

哈佛凌晨四點半：社會菁英基礎能
力的培養邏輯 = Harvard at half
past four : training basic logic /
韋秀英 編著 . -- 第一版 . -- 臺北市
：崧燁文化事業有限公司 , 2022.12
　　面；　公分
POD 版
ISBN 978-626-332-952-2(平裝)
1.CST: 成功法 2.CST: 菁英教育
177.2　　111019024

定　　價：350 元

發行日期：2022 年 12 月第一版

◎本書以 POD 印製

官網

臉書

獨家贈品

親愛的讀者歡迎您選購到您喜愛的書，為了感謝您，我們提供了一份禮品，爽讀 app 的電子書無償使用三個月，近萬本書免費提供您享受閱讀的樂趣。

ios 系統　　　　　安卓系統　　　　　讀者贈品

請先依照自己的手機型號掃描安裝 APP 註冊，再掃描「讀者贈品」，複製優惠碼至 APP 內兌換

優惠碼(兌換期限2025/12/30)
READERKUTRA86NWK

爽讀 APP

▢ 多元書種、萬卷書籍，電子書飽讀服務引領閱讀新浪潮！

🎧 AI 語音助您閱讀，萬本好書任您挑選

🔍 領取限時優惠碼，三個月沉浸在書海中

🔔 固定月費無限暢讀，輕鬆打造專屬閱讀時光

不用留下個人資料，只需行動電話認證，不會有任何騷擾或詐騙電話。